北京青少年科技中心指定教材

当机器人遇上 Arduino

律 原 编著

科学出版社

北京

内 容 简 介

本书以基于Arduino Mega 2560开发的控制器作为主控单元,配以积木式的结构件和传感器模块,通过由浅入深的若干实例使得读者在完成一个个有趣的机器人任务后掌握教育机器人的设计与编程方法,并获得参加相关机器人比赛的能力。

本书可作为中小学机器人校本课程的教材,也可作为中小学机器人指导教师和机器人教练员的参考用书,还可供高等师范院校的相关专业作为教学参考用书。

图书在版编目(CIP)数据

当机器人遇上Arduino/律原编著.—北京:科学出版社,2019.1
　ISBN　978-7-03-059461-7

　Ⅰ.当…　Ⅱ.律…　Ⅲ.①机器人-程序设计-中小学-教材
Ⅳ.①G634.931

中国版本图书馆CIP数据核字(2018)第255658号

责任编辑:杨　凯 / 责任制作:魏　谨
责任印制:赵克忠 / 封面设计:杨安安
北京东方科龙图文有限公司 制作
http://www.okbook.com.cn

科 学 出 版 社 出版
北京东黄城根北街16号
邮政编码:100717
http://www.sciencep.com

保定市中画美凯印刷有限公司 印刷
科学出版社发行　　各地新华书店经销
*

2019年1月第 一 版　　开本:720×1000　1/16
2019年1月第一次印刷　　印张:12 1/2
字数:126 000

定价:39.00元
(如有印装质量问题,我社负责调换)

前　言

　　本书是应北京青少年科技中心机器人竞赛项目主管张军老师之约而写。当时我正受北京青少年科技中心委托撰写《北京市青少年机器人发展纲要（2015-2020年）》（以下简称《纲要》）。在撰写《纲要》的时候我强烈感觉到机器人教学与竞赛的融合是制约中小学机器人活动深入发展的一个瓶颈。追溯历史可知，我国中小学的机器人竞赛始于1996年，最早引进的是机器人灭火比赛。2000年，中国科学技术协会组织了第一届中国青少年机器人竞赛活动。从那时起，机器人竞赛才逐渐走进了中小学校园。随着机器人竞赛活动在中小学的深入开展，越来越多的学校开设了机器人兴趣小组和机器人校本课程。经过近20年的发展，我国中小学机器人教学、竞赛活动已经有了长足的进步。但机器人竞赛和机器人教学的关系一直没有理顺。我认为二者的正确关系应该是：机器人教学是竞赛的基础，机器人竞赛又能促进机器人教学活动的开展，在这一过程中学生的参与程度是最重要的指标。但是，现在的机器人竞赛掺杂了太多的功利色彩：机器人生产厂家要卖器材，追求利润；学校、家长和学生要竞赛成绩，这都导致了教学与竞赛的脱节，机器人活动学生参与度较低。

　　机器人教学与竞赛脱节的另一个重要原因是缺乏合适的机器人教学平台以及与教学相结合的机器人竞赛项目。2016年我受中国科学技术协会委托为中国青少年机器人竞赛研发新的比赛项目。在多方调研的基础上，我们利用Arduino开源平台设计了机器人智能工程挑战赛并于2017年起在北京青少年机器人竞赛上作为试点项目进行了实践验证，取得了良好的效果。基于Arduino平台的机器人智能工程挑战赛已经被确定为北京青少年机器人竞赛的一个特色项目延续下去。

　　众所周知，Arduino控制板是意大利的科技教师Massimo Banzi、David Cuartielles等人于2005年研发的一种开源硬件，由于其具有开放性、易用性、跨平台、价格低廉等特点很快就风靡世界。我国中小学于

2008年左右引进了Arduino，主要用作创客教育的平台。从技术角度上可以将Arduino控制板看作一块AVR单片机开发板，但是Arduino团队为其开发了专门的编程环境——Arduino IDE，大大降低了利用Arduino开发项目的难度。而且Arduino的开源性质也使得利用Arduino平台研发的机器人教学、竞赛产品的价格非常低廉，便于普及。

本书作为北京青少年机器人竞赛"基于Arduino平台的机器人智能工程挑战赛"项目的指定教材，可以分为三个部分：第一部分为1~3章，介绍Arduino的基础知识和常用模块的使用；第二部分为4~6章，介绍Arduino控制板用于机器人比赛的专门知识，包括电机与舵机使用、机器人常用循迹算法、机器人避障算法，特别是本书用较为通俗的方式介绍了比例循迹算法和PID控制算法，这部分内容在国内同类书籍中鲜有涉及，值得读者借鉴；第三部分为第7章，以2017年北京青少年机器人竞赛——机器人智能工程挑战赛为例，从技术和比赛策略两个方面介绍了作者本人的一些实际经验，供读者参考。

在本书撰写的过程中人民大学附属小学的王冲老师在比例循迹和PID控制算法部分给予了我很大帮助，在此表示感谢。王冲老师在机器人教学过程中表现出的极大热情和钻研精神让我十分敬佩。

最后，我要特别感谢科学出版社的杨凯老师和张莉莉老师，在长达两年多的撰写过程中是他们给予了我最大程度的包容和鼓励，没有他们的支持就没有本书的面世。衷心希望本书能为工作在中小学一线的机器人教师提供一点儿帮助。当然，由于作者本人的水平有限，书中疏漏之处在所难免，也希望各位读者不吝赐教，我的邮箱5159@cun.edu.cn。

律　原
2018年11月

目　录

第 5 章 循迹机器人

第 1 章

Arduino 入门

| 本章内容提要 |

（1）了解 Arduino 的发展历史和特点。
（2）了解常见 Arduino 开发板的类型。
（3）掌握安装 Arduino IDE 的方法。
（4）掌握安装 Arduino 开发板驱动程序的方法。
（5）编写第一个 Arduino 程序。

1.1 邂逅 Arduino

1.1.1 Arduino 的诞生

众所周知，随着科学技术的日益发展，单片机作为智能控制核心已经广泛应用在我们的生活中。传统的 8 位单片机，如 AVR 系列单片机和 8051 系列单片机；32 位单片机，如 arm 系列单片机的开发均需要较多的专业知识，学习难度较大，很难在短时间内掌握，故而不适合中小学生学习。

2005 年，意大利一家科技设计学校的教师 Massimo Banzi 设计了以 atmega328p 为控制核心的 Arduino UNO 原型板，并开发了与之配套的 Arduino IDE 开发环境。Arduino 语言基于 wiring 语言开发，是对 avr-gcc 库的二次封装，不需要太多的单片机基础、编程基础，大大降低了学习单片机和智能控制的门槛，使得中小学生学习单片机和智能控制成为可能。

1.1.2 Arduino 的特点

1. 跨平台

Arduino IDE 可以在 Windows、Mac OS、Linux 三大主流操作系统上

运行，而其他的大多数控制器只能在 Windows 上开发。

2. 简单清晰

Arduino IDE 基于 processing IDE 开发。对于初学者来说，极易掌握，同时又有着足够的灵活性。Arduino 语言基于 wiring 语言开发，是对 avr-gcc 库的二次封装，不需要太多的单片机基础、编程基础，简单学习后，可以快速地进行开发。

3. 开放性

Arduino 的硬件原理图、电路图、IDE 软件及核心库文件都是开源的，在开源协议范围内可以任意修改原始设计及相应代码。

4. 发展迅速

Arduino 不仅仅是全球最流行的开源硬件，也是一个优秀的硬件开发平台，更是硬件开发的趋势。Arduino 简单的开发方式使得开发者更关注创意与实现，更快地完成自己的项目开发，大大节约了学习成本，缩短了开发周期。

因为 Arduino 的种种优势，越来越多的专业硬件开发者已经或开始使用 Arduino 来开发他们的项目、产品；越来越多的软件开发者使用 Arduino 进入硬件、物联网等开发领域；在许多高等院校里，自动化、软件专业，甚至艺术专业，也纷纷开设了 Arduino 相关课程。

1.1.3 Arduino 开发板

Arduino 的型号有很多，如 Arduino Uno、Arduino Nano、Arduino LilyPad、Arduino Mega 2560、Arduino Ethernet、Arduino Due、Arduino Leonardo 和 ArduinoYún。国内常见的入门用 Arduino 开发板主要有 Arduino UNO 和 Arduino Mega 2560（图 1.1）。

（a）Arduino UNO　　　　　　　　　　　（b）Arduino Mega 2560

图 1.1　Arduino UNO 开发板和 Arduino Mega 2560 开发板

　　由于 Arduino 各型开发板上自带的外围硬件非常少，所以一般需要使用面包板和杜邦线搭建应用电路后再进行编程（图1.2），这对于初学者来说是一个相当大的挑战。常常是一根导线连接错误就会发生意想不到的结果，轻则导致电路不能正常工作，严重的甚至可能烧坏开发板或扩展模块。而且采用这种开发方式的作品的可靠性也不高。

图1.2　使用面包板、杜邦线和 Arduino UNO 控制板进行开发

　　为了进一步降低中、小学生学习 Arduino 的难度，首都师范大学科技教育中心根据多年的 Arduino 教学经验，以 Arduino Mega 2560 为核心设计了一款专门为中、小学开设 Arduino 校本课程使用的 Iduino-2 型 Arduino 开发板，该开发板的外形如图1.3所示。

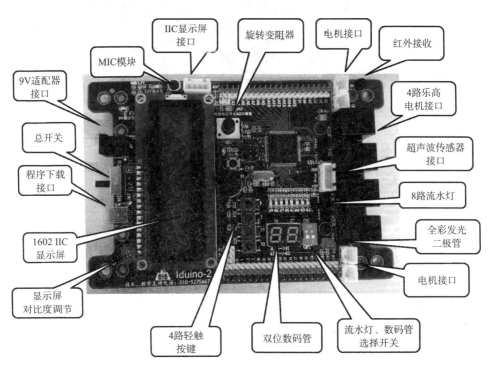

图1.3　Iduino-2 型 Arduino 开发板

Iduino-2型Arduino开发板的突出特点如下：

（1）兼容性。完全兼容Arduino Mega 2560，不论是硬件还是软件都具有与Arduino一致的开源性。产品可以直接使用Arduino IDE、ArduBlock和Mixly等多种开源软件进行编程，满足了中学和小学不同的教学要求。

（2）板载资源丰富。Iduino-2型创客教育套装的控制板上带有IIC接口的1602液晶显示屏、4路直流电机驱动模块、MIC模块、电位器模块、红外接收模块、8路流水灯模块，数码管模块。仅仅使用控制板就可以完成单片机课程的教学活动，如果配合电机模块、舵机模块和金属结构件等，则可以完成机器人课程和创客教育课程，如图1.4所示。

图1.4 使用Iduino-2型Arduino开发板搭建一个简易机械人

（3）扩展性。Arduino Mega 2560具有多达54个I/O口，比Arduino UNO的20个I/O口多出34个。Iduino-2型创客教育套装的控制板除了系统占用的26路I/O口外，共为用户开放14路模拟输入I/O口、14路数字输入I/O口（其中4路可以进行PWM输出）、2路串口通信I/O口，1路IIC接口和1路SPI接口。

（4）Iduino-2型机器人创客教育套装可以兼容LEGO NXT或LEGO EV3电机。

（5）支持多种课程：可以支持中、小学的单片机课程、教育机器人课程和创客教育课程。

本书将依托Iduino2型Arduino控制板进行讲解。

1.2　第一个 Arduino 程序

1.2.1　安装 Arduino IDE

Arduino IDE 是最常用的 Arduino 开发工具，Arduino IDE 支持的操作系统有 Windows、Mac OS 和 Linux。读者可以根据自己的操作系统从 https://www.arduino.cc/en/Main/Software（图 1.5）上下载最新版的 Arduino IDE，笔者使用的 Arduino IDE 版本为 1.8.2 for Windows 安装包。

图 1.5　下载 Arduino IDE

下载完成后就可以双击安装文件或单击安装文件，选择"以管理员身份运行"进行安装（图 1.6）。

图 1.6　开始安装

Arduino IDE 的安装过程与大部分软件的安装过程相似，读者可以参照图 1.7 所示的安装步骤进行操作。在安装过程中需要注意：

（1）在"选择安装选项"步骤时，一定要将"Install USB Driver"选中，如图1.7（b）所示。

（2）在安装过程中会再次提示是否安装USB转串口驱动，一定要选择安装，如图1.7（f）所示。

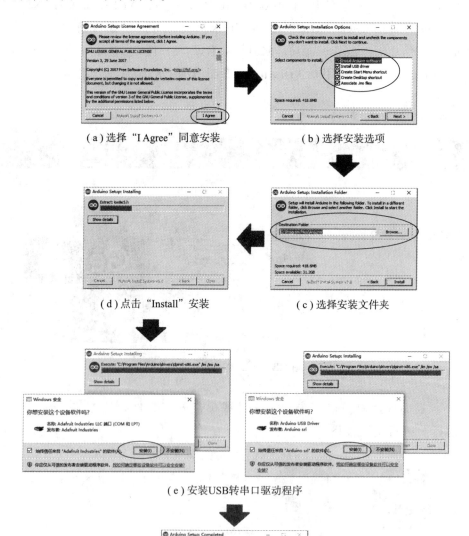

（a）选择"I Agree"同意安装　　　　（b）选择安装选项

（d）点击"Install"安装　　　　（c）选择安装文件夹

（e）安装USB转串口驱动程序

（f）点击"Close"完成安装

图1.7 Arduino IDE的安装流程

安装完成后会在开始菜单的程序列表中显示Arduino，如图1.8（a）所示，如果在"选择安装选项"时选择了"Create Desktop Shortcut"［参见图1.7（b）］，则会在桌面上显示Arduino的快捷方式，如图1.8（b）所示。

（a）程序列表的Arduino　　　（b）快捷方式

图1.8　程序列表的Arduino和桌面快捷方式

1.2.2　Arduino开发板安装驱动程序

早期的单片机开发时，为了将编译好的程序烧录到单片机中需要使用专门的烧录器。自从有了ISP技术后就可以通过计算机的串口为单片机烧录程序。现在大多数计算机已经没有串口，为了给单片机烧录程序就需要使用USB转串口芯片。目前，Arduino开发板分官方版本和国内版本两种，两者实现USB转串口的方式不同。

Arduino官方版本通过使用ATMEGA8U2芯片和配套的通信程序实现USB转串口功能，如图1.9（a）所示，画圈处为ATMEGA8U2芯片。优点是可以自动安装驱动，缺点是在某些操作系统上使用时会出现安装驱动失败的情况。

（a）Arduino官方版本　　　　　　（b）Arduino改进版

图1.9　Arduino官方版本和Arduino改进版

Arduino 国内版也被称为 Arduino 改进版，一般采用 CH340G 作为 USB 转串口芯片，实现 USB 转串口功能，如图 1.9（b）所示，画圈处为 CH340G 芯片。这种版本在第一次使用时需要安装驱动程序，但是使用较为稳定。

由于采用 Arduino 官方版本在大多数情况下可以自动安装驱动程序，在此我们仅介绍为 Arduino 改进版安装驱动程序的方法。首先我们需要 CH340 的驱动程序，推荐读者到 www.stcmcu.com 下载 CH340 的驱动程序，如图 1.10 所示。

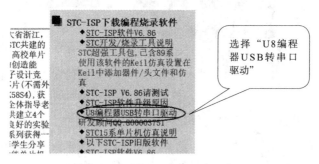

图 1.10　下载 CH340 驱动程序

双击 CH341SER.exe 即可安装 CH340 驱动程序，提示驱动预安装成功后，点击"确定"完成安装，如图 1.11 所示）。

图 1.11　CH340 驱动程序

安装好 CH340 驱动程序后，读者可插上手中的 Arduino 控制板。我们这里使用的是 Iduino-2 型 Arduino 控制板。当然，读者也可以使用自己的 Arduino 控制板。通过设备管理器中的"端口"查看连接到电脑中的 Arduino 板所对应的串口号。当前 Arduino 控制板所对应的串口号是 COM4（图 1.12）。

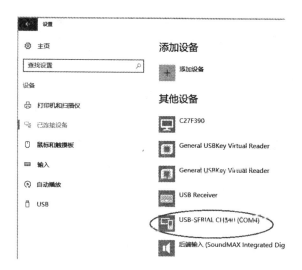

图1.12 查看已连接的Arduino控制板的串口号

1.2.3 第一个Arduino程序

在完成了一系列准备工作以后，我们就可以开始编写第一个Arduino程序了。双击桌面上的Arduino快捷方式的图标，打开Arduino IDE，如图1.13所示。

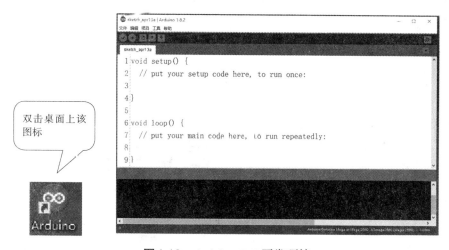

图1.13 Arduino IDE 开发环境

Arduino IDE 的主界面如图1.13所示，主要包含"文件"、"编辑"、"项目"、"工具"、"帮助"5个菜单栏和"验证"、"上传"、"新建"、"打开"、"保存"5个快捷图标。这5个快捷图标的具体功能如表1.1所示。

表 1.1   Arduino IDE 的主界面上快捷图标具体功能的说明

功　能	图　标	说　明
验　证	✓	用于完成程序的检查和编译
上　传	→	用于将编译完成的程序上传到Arduino控制板中
新　建	🗎	用于新建一个Arduino程序文件
打　开	↑	用于打开一个已经存在的Arduino程序文件，其文件后缀名为.ino
保　存	↓	用于保存当前的程序文件

下面以 Arduino 自带的 LED 闪烁灯为例，来介绍利用 Arduino 进行单片机程序开发的具体过程。

1．新建文件

点击"新建"按钮后，新建一个空白的 Arduino 程序文件，其界面参见图 1.13。

2．选择 Arduino 开发板类型和串口

通过"工具"→"开发板"选择"Arduino/Genuino Mega or Mega 2560"，如图 1.14 所示。

图 1.14   选择 Arduino 开发板类型

通过"工具"→"端口"选择COM4，如图1.15所示。

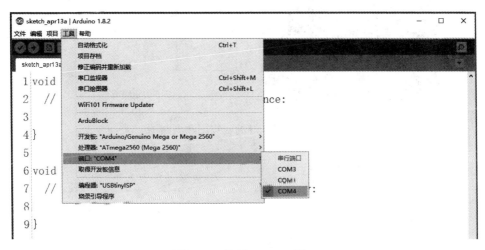

图1.15 选择Arduino端口

3. 程序设计

在Arduino开发环境的程序编辑区中输入程序代码，如图1.16所示。在Iduino-2型Arduino控制板的13号引脚接有一个发光二极管，电路图如图1.17所示。在录入程序时要注意区分字母的大小写。

```
int L = 13;              //将13号引脚定义为L，增加程序的可读性，且方便修改
void setup() {
 // put your setup code here, to run once:
 pinMode(L, OUTPUT);     //LED为输出设备故而将引脚模式设为OUTPUT
}
void loop() {
 // put your main code here, to run repeatedly:
 digitalWrite(L, HIGH);  //将L的引脚设为高电平，点亮LED
 delay(1000);            //延时1000ms，就是1秒钟
 digitalWrite(L, LOW);   //将L的引脚设为高电平，熄灭LED
 delay(1000);            //延时1000ms，就是1秒钟
}
```

图1.16 在Arduino开发环境的程序编辑区中输入程序代码

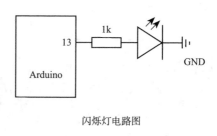

图1.17 闪烁灯的实物图和电路图

下面是具体的程序代码:

```
int L = 13;                    //将13号引脚定义为L,增加程序的可读性,
                               且方便修改
void setup() {
  // put your setup code here, to run once:
  pinMode(L,OUTPUT);           //LED为输出设备故而将引脚模式设为OUTPUT
}
void loop() {
  // put your main code here, to run repeatedly:
  digitalWrite(L,HIGH);    //将L的引脚设为高电平,点亮LED
  delay(1000);             //延时1000ms,就是1秒钟
  digitalWrite(L,LOW);     //将L的引脚设为高电平,熄灭LED
  delay(1000);             //延时1000ms,就是1秒钟
}
```

以上程序共有12行,为了方便解读,我们在程序前面都加了一个行号,如下所示。

```
1  int L = 13;                    //将13号引脚定义为L,增加程序的可
                                  读性,且方便修改
2  void setup() {
3    // put your setup code here, to run once:
4    pinMode(L,OUTPUT);           //LED为输出设备故而将引脚模式设为
                                  OUTPUT
5  }
```

```
6   void loop() {
7       // put your main code here, to run repeatedly:
8       digitalWrite(L,HIGH);        //将L的引脚设为高电平，点亮LED
9       delay(1000);                 //延时1000ms，就是1秒钟
10      digitalWrite(L,LOW);         //将L的引脚设为高电平，熄灭LED
11      delay(1000);                 //延时1000ms，就是1秒钟
12  }
```

下面对程序进行详细解读。

（1）每个Arduino程序都由两部分组成，第一部分是（第2行至第5行）：

```
void setup()
{

}
```

此部分大括号中的内容只会在Arduino控制板上电或按复位按钮后执行一次。此部分中一般放置引脚设置、项目初始化等内容。在LED闪烁灯程序中，此部分只有一条语句（第4行）：

```
pinMode(L,OUTPUT);
```

这条语句的作用是设置引脚工作模式，它的语法如下：

```
pinMode(pin,Mode);
```

说明：

① pin：表示要配置的引脚。

② Mode：表示引脚的工作模式，可以设置为3种状态：

• OUTPUT：输出模式，由Arduino输出控制信号。

• INPUT：输入模式，由Arduino读取外界信号。

• INPUT_PULLUP：带有内部上拉的输入模式，由Arduino读取外界信号，在没有输入信号时为高电平。

由于在程序的开头（第1行）有

```
int L = 13;
```

所以，在 LED 闪烁灯程序中

```
pinMode(L,OUTPUT);
```

等价于

```
pinMode(13,OUTPUT);
```

　　在本程序中我们没有直接使用引脚号进行操作，而是使用变量对引脚号定义后，使用变量对引脚进行操作。不直接使用引脚号，而使用变量对引脚进行操作的好处有两个：

　　①增加程序的可读性，见到变量名就知道这个引脚的作用。

　　②便于修改程序，比如 LED 由 13 号引脚变化到 14 号引脚时，如果直接使用引脚号则必须修改所有使用该引脚的地方，如果使用变量对引脚定义则只需变量定义一处。

　　（2）Arduino 程序的第二部分（第 6 行至第 12 行）是

```
voidloop()
{


}
```

　　此部分大括号中的内容会在执行完 void setup（）中的程序后反复执行，是 Arduino 程序中的主要部分。在 LED 闪烁灯程序中，此部分有 4 条语句（第 8 行至第 11 行）：

```
digitalWrite(L,HIGH);      //将L的引脚设为高电平，点亮LED
delay(1000);               //延时1000ms，就是1秒钟
digitalWrite(L,LOW);       //将L的引脚设为高电平，熄灭LED
delay(1000);               //延时1000ms，就是1秒钟
```

　　实际上只有两条语句，一条语句是：

```
digitalWrite(pin,value);
```

digitalWrite 函数的作用是将引脚的电平状态设置为高电平或低电平，它有两个参数：

①pin：要设置的引脚号。

②value：电平状态，HIGH 为高电平，LOW 为低电平。也可以用 1 代表高电平，0 代表低电平。即

```
digitalWrite(13,HIGH);
```

等价于

```
digitalWrite(13,1);
```

都是将 13 引脚设为高电平。

另一条语句是：

```
delay(ms);
```

delay 函数是一个延时函数，参数为 ms（毫秒），代表以毫秒为单位的延时时长（1 秒=1000 毫秒）。

LED 闪烁灯程序中，void loop（）部分 4 条语句的作用是：使接在 13 号引脚的发光二极管点亮 1 秒钟，再熄灭 1 秒钟，由于 void loop（）中的语句是反复执行的，所以程序运行的实际效果就是发光二极管不断闪烁。

4．保存程序

程序输入完成后，在 Arduino 开发环境中点击"文件"→"保存"，注意文件名由字母、数字和下划线组成，且由字母或下划线开头，也可以点击图标█保存。

5．程序编译

点击图标☑进行验证，就是执行编译和验证过程。如果没有错误，则会提示如图 1.18 的信息。

图 1.18　编译成功的提示信息

6. 程序上传

　　点击█按钮将编译成功的程序上传到 Arduino 控制板。在程序上传的过程中，控制板的串口指示灯（RX 和 TX）会不停地闪烁。程序上传完成后，Arduino 开发环境的状态栏提示信息如图 1.19 所示，同时 Arduino 控制板上的 LED 会以 1 秒间隔闪烁，这就说明第一个 Arduino 程序大功告成了。你已经掌握了使用 Arduino 开发程序的一般流程。

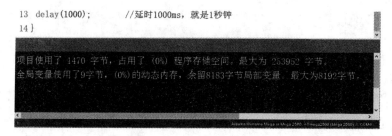

图1.19　上传成功后的提示信息

第2章

Arduino I/O 口基础应用

| 本章内容提要 |

（1）掌握 Arduino 控制板上数字 I/O 口的使用方法。
（2）掌握 Arduino 控制板上模拟 I/O 口的使用方法。
（3）掌握使用串口监视器查看信息的方法。

在第 1 章中我们已经向读者介绍了 Iduino-2 型开发板的基本使用方法。在第 2 章中我们将通过若干实例进一步了解 Arduino 的数字 I/O 口、模拟 I/O 口和具有 PWM 功能的 I/O 口及串口的使用，深入理解什么是输入设备、什么是输出设备。进一步掌握程序设计的一般结构，为今后的学习打下坚实的基础。

2.1 Arduino 的数字 I/O 口

2.1.1 I/O 口和 Arduino 的数字 I/O 口

I/O 口是 INPUT/OUTPUT 接口（输入 / 输出接口）的简称。I/O 口是实现单片机与外围设备，如各种传感器、显示器等进行信息交换的媒介和桥梁。如图 2.1 所示，如果单片机向外发送指令或数据，我们称之为输出（OUTPUT），如果单片机接收传感器等采集的信息或数据，我们称之为输入（INPUT）。

如果 I/O 口发送和接收到的数据或信息只有高、低两种状态，那么这种 I/O 口被称为数字 I/O 口，Arduino 控制板上的所有 I/O 口都可以作为数字 I/O 口使用。

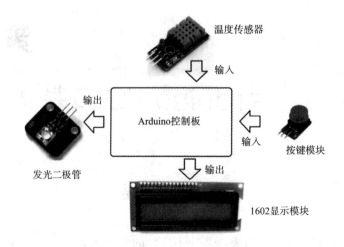

图2.1 I/O 口（输入/输出口）

2.1.2 用轻触开关控制发光二极管的通、断

在第 1 章中我们已经学习了如何使接在 Arduino 控制板上的发光二极管闪烁，在本节的第一个程序中我们要学习使用轻触开关来控制发光二极管的通、断。

1．硬件积累——轻触开关

轻触开关，又称按键开关，最早出现在日本，被称之为"敏感型开关"。使用时以满足操作力的条件向开关操作方向施压，使开关闭合从而接通，当撤销压力时开关即断开，如图 2.2 所示。轻触开关是依靠金属弹片受力变化来实现通、断的。

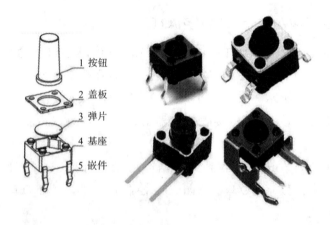

图2.2 轻触开关

2. 电路讲解——上拉电阻与下拉电阻

为了使轻触开关没有被按下时控制板的 I/O 口有稳定的状态，通常使用上拉电阻和下拉电阻。如图 2.3（a）所示，上拉电阻就是将不确定的信号通过一个电阻钳位在高电平上，电阻同时起限流作用。当轻触开关处于断开状态时，I/O 口通过一个限流电阻与 5V 电源相连，I/O 口处于高电平状态；当轻触开关处于闭合状态时，I/O 口与 GND 相连，I/O 口处于低电平状态。

图2.3 上拉电阻与下拉电阻

（a）上拉电阻　　（b）下拉电阻

如图 2.3（b）所示，下拉电阻也是将不确定的信号通过一个电阻钳位在低电平上。当轻触开关处于断开状态时，I/O 口通过 10kΩ 限流电阻与 GND 相连，I/O 口处于低电平状态；当轻触开关处于闭合状态时，电路与 5V 电源导通，由于 10kΩ 限流电阻的分压作用，I/O 口处于高电平状态。

图 2.4 所示为程序 2_1 所用电路图，在数字 I/O 口 32 号引脚上接有轻触开关 K4，在数字 I/O 口 33 号引脚上接有轻触开关 K3，且 K3 和 K4 上均接有上拉电阻，我们仍然使用接在 13 号引脚上的发光二极管作为输出设备。

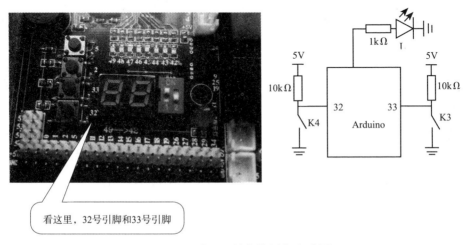

看这里，32号引脚和33号引脚

图2.4　程序2_1的实物图与电路图

3．程序 2_1

程序 2_1 的具体内容如下所示：

```
//程序要达到的目的
//当按下K3时发光二极管点亮;
//当按下K4时发光二极管熄灭;

int L = 13;                 //使用接在13号引脚上的发光二极管
int K3 = 33;                //使用接在33号引脚上的轻触开关,控制
                              L点亮
int K4 = 32;                //使用接在32号引脚上的轻触开关,控制
                              L熄灭

void setup() {
  //put your setup code here, to run once:
  pinMode(L,OUTPUT);        //设置L为输出设备
  pinMode(K3,INPUT);        //因为有上拉电阻,设置K3为输入设备
  pinMode(K4,INPUT);        //因为有上拉电阻,设置K4为输入设备
}
void loop() {
  //put your main code here, to run repeatedly:
  if(digitalRead(K3)==LOW)  //如果K3被按下
  {
    delay(300);             //延时300毫秒,按键消抖
    digitalWrite(L,HIGH);   //点亮L
  }
  if(digitalRead(K4)==LOW)  //如果K4被按下
  {
    delay(300);             //延时300毫秒,按键消抖
    digitalWrite(L,LOW);    //熄灭L
  }
}
```

4．程序解读

在程序2_1中使用了digitalRead（pin）语句和if语句对按键的状态进行检测。具体说明如下：

digitalRead（pin）语句用来检测某一数字输入口的状态，pin为要检测的数字I/O口的引脚号。因为数字I/O口只有高电平和低电平两种状态，所以，digitalRead（pin）语句只能返回HIGH（1）或LOW（0）两种状态。

在程序2_1中，digialRead（K3）是检测按键K3，也就是数字引脚33的状态。由于数字引脚33上接有上拉电阻，所有当按键没有按下时，此语句返回的状态为HIGH，如果按键按下则此语句返回的状态为LOW。

程序2_1中还使用了if语句，if语句是使用频率很高的语句，它的语法如下：

```
if(条件判断语句)
{
    条件判断语句满足时执行的语句
}
```

具体到程序2_1中，如下所示：

```
if(digitalRead(K3)==LOW)           //如果K3被按下
{
    delay(300);                    //延时300毫秒，按键消抖
    digitalWrite(L,HIGH);          //点亮L
}
```

需要特别提醒的是，在Arduino IDE中逻辑等号是"=="而赋值号是"="，在条件判断语句中使用的是逻辑等号"=="，在编写程序时应注意区别。条件判断语句中可以使用关系运算符有>、<、>=、<=、==和<>6种。

5．按键消抖

通常的按键所用开关为机械弹性开关，当机械触点断开、闭合时，由于机械触点的弹性作用，一个按键开关在闭合时不会马上稳定地接通，在断开时也不会一下子断开。因而在闭合及断开的瞬间均伴随有一连串的抖动（图2.5），为了不产生这种现象而采取的措施就是按键消抖。

抖动时间的长短由按键的机械特性决定，一般为5~10ms。这是一

个很重要的时间参数，在很多场合都要用到。按键稳定闭合时间的长短则是由操作人员的按键动作决定的，一般为 200 ~ 1000ms。程序 2_1 中的"delay（300）；"语句就是等待按键完全闭合。

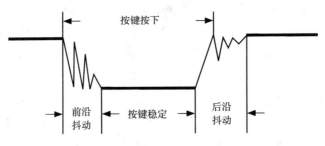

图 2.5　按键去抖动

2.1.3　用一个轻触开关控制 LED 的通、断

在程序 2_1 中，我们使用两个轻触按键开关控制发光二极管的点亮和熄灭。下面我们学习使用一个轻触按键开关控制发光二极管的点亮和熄灭，进一步学习使用 if/else 语句对程序进行控制。程序 2_2 的实物图和电路图如图 2.6 所示。

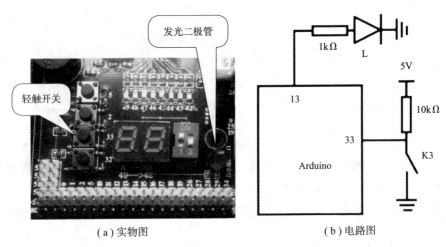

（a）实物图　　　　　　　　（b）电路图

图 2.6　程序 2_2 的实物图与电路图

1．程序 2_2
程序 2_2 的具体内容如下：

```
//程序效果：
//按一下K3，发光二极管点亮；
//再按一下K3，发光二极管熄灭；
int L = 13;                          //使用接在13号引脚上的发光二极管
int K3 = 33;                         //使用接在33号引脚上的轻触开关
void setup() {
  //put your setup code here, to run once:
  pinMode(L,OUTPUT);                 //设置LED为输出设备
  pinMode(K3,INPUT);                 //因为有上拉电阻，设置K3为输入设备
}
void loop() {
  //put your main code here, to run repeatedly:
  if(digitalRead(K3)==LOW)           //如果K3被按下
  {
      delay(300);                    //延时300毫秒，去抖动
      if(digitalRead(L)==LOW)        //LED处于熄灭的状态
      {
          digitalWrite(L,HIGH);      //点亮LED
      }
      else
      {
          digitalWrite(L,LOW);       //熄灭LED
      }
  }
}
```

2．程序解读

与程序 2_1 相同，在程序 2_2 中首先使用语句

```
if (digitalRead(K3)==LOW)
```

来判断接在33号引脚的轻触开关是否被按下，然后使用语句

```
delay(300);
```

来等待按键完全被按下。接下来使用 if/else 语句来判断接在 13 号引脚的发光二极管 L 的状态是点亮还是熄灭，即

```
if (digitalRead(L)==LOW)
```

如果发光二极管 L 上的电平为低电平，则说明发光二极管处于熄灭状态，执行语句

```
digitalWrite(L,HIGH);
```

点亮发光二极管，否则执行 else 后面 { } 内的语句

```
digitalWrite(L,LOW);
```

熄灭发光二极管。

从上述程序解读中，可以看出 if/else 语句是比 if 语句更为高级的流程控制语句，它可以进行互斥条件的判断。其语法如下：

```
if (条件判断语句)
{
  //执行A操作
}
else
{
  //执行B操作
}
```

如果 if 后面的条件判断语句成立，则执行 A 操作，A 操作可以是一条语句也可以是一系列语句，如果 if 后面的条件判断语句不成立，则执行 B 操作。

2.2　Arduino 的模拟 I/O 口

2.2.1　数字信号与模拟信号

模拟信号是指用连续变化的物理量来表达信息，所以我们通常也把模

拟信号称为连续信号。生活中存在着大量连续变化的物理量，如温度、湿度、压力、长度、电流、电压等，它们都需要使用模拟信号来表达。模拟信号在一定的时间范围内可以有无限多个不同的取值，如图2.7（a）所示；而数字信号是指在取值上是离散的、不连续的信号，通常在Arduino中涉及的数字信号只有高和低两个状态，我们通常用1代表高状态，用0代表低状态，如图2.7（b）所示。

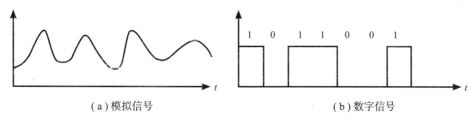

（a）模拟信号　　　　　　　　　　　（b）数字信号

图2.7　模拟信号和数字信号

在2.1节中我们已经知道Arduino能对数字信号进行有效处理和识别，在这一节中我们将学习使用Arudino的模拟I/O口。

2.2.2　Arduino控制板上的模拟输入口

所谓模拟输入口就是可以读取连续变化信号的输入口。Arduino控制板上的模拟输入口一般用字母"A"打头再加上数字进行标示，如图2.8所示。不同Arduino控制板上的模拟输入口的位置和数量是不同的，表2.1中我们列举了Arduino UNO、Arduino Mega 2560和Iduino-2型控制板上的模拟输入口。

（a）Arduino UNO上的模拟输入口　　　　　　（b）Iduino-2上的模拟输入口

图2.8　不同Arduino控制板上的模拟输入口

表 2.1　不同 Arduino 控制板上的模拟输入口

Arduino控制板类型	模拟输入口的位置
Arduino UNO	A0、A1、A2、A3、A4、A5
Arduino Mega 2560	A0 ~ A15
Iduino-2	A0：接MIC模块（声音传感器） A1：接50kΩ旋转变阻器 A2：用于测量外接电源电压 A3 ~ A15

　　Arduino控制板的模拟输入口并不能直接读取除电压以外的其他连续变化的物理量，所以在实际操作中我们需要使用相应的传感器，将模拟量转换为电压信号。很多温度传感器能够将温度值转换成0 ~ 5V的某个电压，比如0.3V、3.27V、4.99V等。

　　由于传感器表达的是模拟信号，它不像数字信号那样只有简单的高电平和低电平，而有可能是在这两者之间的任何一个数值。至于到底有多少可能的值则取决于模/数转换的精度，精度越高能够得到的值就会越多。而Arduino控制板的每一个模数转换器的精度都是10bit，也就是说能够读取$2^{10}=1024$个状态。在Arduino的每一个模拟输入管脚上，电压的变化范围是0 ~ 5V，因此Arduino能够感知到的最小电压变化是$\dfrac{5V}{1024}\approx 4.88mV$，精度还是相当高的，可以满足大多数场合应用的需要。

2.2.3　使用Arduino控制板上的模拟输入口

　　1．硬件积累——可变电阻器

　　可变电阻器是指阻值可以调整的电阻器，用于需要调节电路电流或需要改变电路阻值的场合。可变电阻器可以改变信号发生器的特性，使灯光变暗，启动电动机或控制它的转速。根据用途的不同，可变电阻器的电阻材料可以是金属丝、金属片、碳膜或导电液。在电流很小的情况下，使用碳膜型可变电阻器；对于一般大小的电流，常用金属型的可变电阻器；当电流很大时，电解型可变电阻器最适用。图2.9所示为Iduino-2型Arduino控制板上使用的旋转变阻器的实物图、结构图和等效电路图。

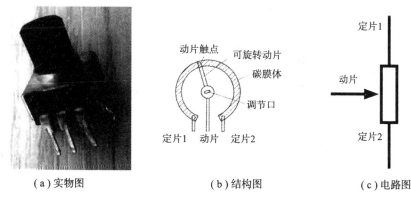

（a）实物图　　　　　　　（b）结构图　　　　　　　（c）电路图

图2.9　旋转变阻器

2．电路讲解——串联分压电路

如图2.10所示，在Iduino-2型Arduino控制板上模拟输入口A1上接有一个50kΩ的旋转变阻器的中心抽头（动片），旋转变阻器的另外两端分别接5V和GND，这样就构成了一个标准的串联分压电路。旋转变阻器的中心抽头将50kΩ的电阻分为R_1和R_2两部分。模拟输入口A1的输入值为电阻R_2上的电压值。R_2上的电压值可以由式（2.1）计算出：

$$U_{R2} = \frac{R_2}{50\text{k}\Omega} \times 5\text{V} \qquad\qquad (2.1)$$

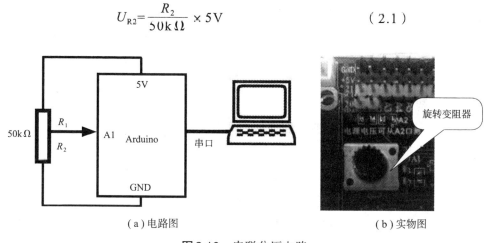

（a）电路图　　　　　　　　　　　　（b）实物图

图2.10　串联分压电路

3．程序2_3

程序2_3的目的是利用串口监视器显示模拟输入值，程序的具体内容如下：

```
//程序2_3
//利用串口监视器显示A1端口的模拟输入值
void setup() {
  // put your setup code here, to run once:
  Serial.begin(9600);              //串口初始化，设置串口的传输速率
                                     为9600bit/s
  pinMode(A1,INPUT);               //设置A1口为输入端口
}

void loop() {
  // put your main code here, to run repeatedly:
  int A1_value;`                   //定义整型变量A1_value，用来存
                                     储A1口的值
  A1_value = analogRead(A1);       //利用anlogRead(pin)语句读取
                                     A1口的值并赋值给A1_value
  Serial.print("A1_value=");       //利用串口输出"A1_value="字符串
  Serial.println(A1_value);        //利用串口输出A1_value的值
  delay(2000);·                    //间隔2秒重复
}
```

4. 程序解读

由于程序 2_3 中使用串口传输数据，所以使用语句：

```
Serial.begin(9600);
```

来对串口进行初始化，并设置串口的传输速率为 9600bit/s，这个速率并不是最快的，我们还可以将串口的传输速率设置为 19200、38400、57600，等等，默认值为 9600。而且为了能够正确传输数据和信息，此数值必须与串口监视器上设置的数值相同（参见图 2.11）。

```
int A1_value;
```

定义整型变量 A1_value 来存储模拟输入口 A1 的值。因为 Arduino 模拟输入口的取值范围是 0～1023，故而使用整型变量来存储模拟输入口的

值就足够了。

```
A1_value = analogRead(A1);
```

此语句将模拟输入口 A1 的状态值赋给变量 A1_value。语句 analogRead（pin）是用来读取 Arduino 上模拟引脚的状态值的，读取周期为 100μs，即最大采样率为 10000 次/秒。analogRead（pin）语句只有一个参数，即模拟输入口的引脚号 pin，返回值为 int 型（范围在 0～1023）。前面讲过，程序 2_3 中旋转变阻器的动片接在 A1 引脚上（参见图 2.10）。

```
Serial.print("A1_value=");
```

Seril.print（）语句用于从串口输出数据，数据可以是变量，也可以是字符串。语句 Serial.print（"A1_value="）的作用是在串口监视器上输出 "A1_value=" 字符串。

```
Serial.println(A1_value);
```

Seril.println（）语句与 Seril.print（）语句的作用相似，都是从串口输出数据，所不同的是该语句输出数据后，还要输出回车换行符。语句 Scrial.println（A1_value）的作用是在串口监视器上输出变量 A1_value 的值并换行。

将程序 2_3 编译、上传后，可以通过单击 Arduino IDE 开发环境中的 "工具" 菜单中的 "串口监视器"，打开串口监视器来查看模拟输入口 A1 上的状态值。通过旋转变阻器，可以改变模拟输入口 A1 的状态，如图 2.11 所示。

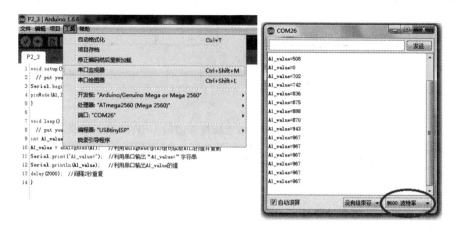

图 2.11　利用串口监视器显示模拟输入值

2.2.4 Arduino 控制板上的模拟输出口

Arduino 通过 PWM 方式从特定引脚上输出模拟量，较多地应用在 LED 亮度控制、电机转速控制等方面。PWM 是脉冲宽度调制（Pulse-Width Modulation）的简称，是一种对模拟信号电平进行数字编码的方法。Arduino 中模拟输出口通过 AVR 内部高分辨率计数器调节方波的占空比来实现 PWM 功能。从这个意义上来讲，PWM 的输出信号仍然属于数字信号，因为在给定的任意时刻，输出信号依旧是只有高（ON）、低（OFF）两种状态。电压或电流源是以一种通（ON）或断（OFF）的重复脉冲序列被加到模拟负载上去的，如图 2.12 所示。通的时候即是直流供电被加到负载上的时候，断的时候即是供电被断开的时候。只要带宽足够，任何模拟值都可以使用 PWM 进行编码。

不同型号的 Arduino 对应有不同位置和不同数量的 PWM 引脚，常见的几款控制器 PWM 资源情况如表 2.2 所示。

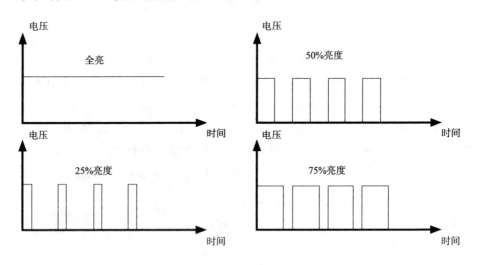

图 2.12　脉冲宽度调制（PWM）示意图

表 2.2　不同类型 Arduino 控制板上模拟输出口（PWM 口）的位置

Arduino 控制器型号	模拟输出引脚（PWM 引脚）
UNO、Ethernet、Duemilanove	3、5、6、9、10、11
Arduino Mega2560	2 ~ 13、44 ~ 46
Leonardo	3、5、6、9、10、11、13

1．程序 2_4

程序 2_4 的目的是解释 Arduino 模拟输出口的工作原理。具体内容如下所示：

```
void setup() {
  //put your setup code here, to run once:
  pinMode(43,OUTPUT);           //设置43号引脚为输出引脚
  pinMode(44,OUTPUT);           //设置44号引脚为输出引脚
  analogWrite(44,25);           //设置模拟输出引脚44的输出值为25
                                //大约为最高亮度的1/10
}
void loop() {
  //put your main code here, to run repeatedly:
  digitalWrite(43,HIGH);        //将43号数字引脚设为高电平，点亮LED
  delay(1);                     //延时1ms
  digitalWrite(43,LOW);         //将43号数字引脚设为低电平，熄灭LED
  delay(9);                     //延时9ms
}
```

2．程序 2_4 解读

我们希望读者通过完成程序 2_4 来理解 Arduino 模拟输出口 PWM 的工作原理。如图 2.13 所示，在 Iduino-2 型 Arduino 控制板的 43 号和 44 号引脚上各接有一个发光二极管。其中 43 号引脚是普通的数字 I/O 口，而 44 号引脚是具有 PWM 功能的模拟输出口。本程序中最重要的语句是：

```
analogWrite(44,25);
```

该语句设置引脚 44 的 PWM 输出值为 25，大约为满功率输出值 255 的 1/10。

analogWrite 语句的作用是通过 PWM 的方式将模拟值输出到引脚，即调用 analogWrite 语句后，相应的引脚将产生一个指定占空比的稳定方波（频率大约为 490kHz），直到下一次调用该语句为止。

analogWrite 语句的语法为

```
analogWrite(pin,value);
```

其中，pin表示将要输出PWM的引脚，但是，请注意指定的引脚必须具有PWM功能，即指定的引脚必须是模拟输出引脚（不同Arduino控制板的模拟输出引脚位置参见表2.2）；参数value表示PWM输出的占空比，因为PWM输出的位数为8，所以其范围在0（常开）～255（常闭），对应的占空比范围在0～100%。

在程序2_4的void loop{}我们利用43号数字I/O口模拟了PWM功能。

```
digitalWrite(43,HIGH);        //将43号数字引脚设为高电平，点亮LED
delay(1);                     //延时1ms
digitalWrite(43,LOW);         //将43号数字引脚设为低电平，熄灭LED
delay(9);                     //延时9ms
```

我们将10ms作为一个循环周期，在这个循环周期中，使43号数字I/O口上的发光二极管点亮1ms，熄灭9ms。相当于满功率的10%。如图2.13所示，43号数字I/O口上所接发光二极管的亮度与模拟输出口44号引脚上所接的发光二极管的亮度基本相同。

图2.13　利用数字I/O口模拟PWM

2.2.5　呼吸灯

所谓呼吸灯是指灯光在控制下由亮到暗或由暗到亮的逐渐变化，此效果感觉好像是人在呼吸，故而得名呼吸灯。我们利用模拟输出引脚13上所接的发光二极管实现呼吸灯效果。

1. 程序 2_5：呼吸灯

```
//程序2_5呼吸灯
int LED = 13;                          //使用接在13号引脚上的发光二极管,
                                         作为呼吸灯

void setup() {
  // put your setup code here, to run once:
  pinMode(LED,OUTPUT);                 //设置LED为输出设备
}
void loop() {
  // put your main code here, to run repeatedly:
  int liangdu;                         //定义整型变量liangdu用来控制
                                         LED的亮度
                                       //发光二极管的亮度逐渐增大
  for(liangdu=0;liangdu<=255;liangdu++)
  {
    analogWrite(LED,liangdu);  //设置LED的PWM功率
    delay(20);//保持20ms
  }
                                       //发光二极管的亮度逐渐减小
  for(liangdu=255;liangdu>=0;liangdu--)
  {
    analogWrite(LED,liangdu);  //设置LED的PWM功率
    delay(20);                         //保持20ms
  }
}
```

2. 程序 2_5 解读

在程序 2_5 中我们使用 analogWrite 语句和 for 语句来实现发光二极管的逐渐点亮和逐渐熄灭。

for 语句的语法如下：

```
for(循环变量初值；循环结束条件；循环变量增量计数/减量计数)
{
    //执行语句
}
```

for 语句用于重复执行在大括号内的一段代码。通常使用一个增量计数器来增加计数和终止循环。for 语句用于重复性操作非常实用，经常和数组结合用于操作数据或引脚。在程序 2_5 中：

```
for(liangdu=0;liangdu<=255;liangdu++)
{
    analogWrite(LED,liangdu);        //设置 LED 的 PWM 功率
    delay(20);                       //保持 20ms
}
```

变量 liangdu 是发光二极管的 PWM 功率值，下面解释一下 for 语句头部的各个部分：

```
for(liangdu=0;liangdu<=255;liangdu++)
```

其中，

（1）liangdu = 0：设置循环变量的初值为 0。

（2）liangdu< = 255：设置循环变量的终值为 255。

（3）liangdu++：使得循环变量 liangdu 每次增加 1，此部分可以用 liangdu = liangdu + 1 代替。

2.2.6 使用可变电阻改变 LED 的亮度

本程序通过调节接在 A1 端口上的 50kΩ 变阻器的大小，改变接在 13 号引脚上的 LED 的亮度。在同一个程序中同时使用模拟输入 I/O 口和 PWM 输出 I/O 口，请读者仔细体会。

1. 程序 2_6：调光灯

```
//程序2_6调光灯
int LED = 13;                        //使用接在13号引脚上的发光二极管
int R = A1;                          //使用接在模拟端口A1引脚上的电位器
void setup() {
  // put your setup code here, to run once:
  pinMode(LED,OUTPUT);               //设置LED为输出设备
  pinMode(R,INPUT);                  //将电位器设为输入设备
}
void loop() {
  // put your main code here, to run repeatedly:
  int liangdu;                       //定义整型变量liangdu用来控制LED
                                        的亮度
  liangdu=map(analogRead(R),0,1023,0,255);
                                     //利用map函数亮度范围进行调整
  analogWrite(LED,liangdu);   //对LED的亮度进行调整
  delay(100);
}
```

2. 解读程序 2_6

程序 2_6 中使用了等比映射函数 map（），其语法为

```
long map ( long x, long in_min, long in_max, long out_min,
long out_max);
```

map 函数的作用是将位于 [in_min，in_max] 之间的 x 映射到 [out_min，out_max]。例如，将 50 从 [0，100] 映射到 [200，400] 则得到的返回值为 300。

Map 函数的参数说明如下：

（1）x：要映射的值。

（2）in_min：映射前区间起点。

（3）in_max：映射前区间终点。

（4）out_min：映射后区间起点。

（5）out_max 映射后区间终点。

上面的代码中用 map 将模拟量从区间［0，1023］映射到区间［0，255］：

```
liangdu=map(analogRead(R),0,1023,0,255);
```

第 3 章

Arduino 常用模块

| 本章内容提要 |

（1）掌握全彩LED模块的使用方法。
（2）掌握流水灯的使用方法。
（3）掌握数码管的使用方法。
（4）掌握蜂鸣器的使用方法。
（5）熟练掌握if/else语句。
（6）熟练掌握for语句。
（7）掌握数组的使用方法。

3.1　全彩LED模块

3.1.1　硬件积累——发光二极管与全彩发光二极管

　　发光二极管（Light-Emitting Diode，简称LED）是一种能将电能转化为光能的半导体电子元件。这种电子元件早在1962年出现，早期只能发出低亮度的红光，之后发展出其他单色光的版本，时至今日能发出的光已遍及可见光、红外线及紫外线，发光亮度也大为提升。随着技术的不断进步，发光二极管已被广泛地应用于显示器、采光装饰和照明领域。发光二极管的外形图和结构图如图3.1所示，一般来说，发光二极管的两根引脚中较长的一根为正极，较短的一根为负极。

　　需要说明的是，发光二极管发光的颜色并不取决于外封塑料的颜色，而是与发光半导体的材料有关。砷化镓就是其中一种，它是由镓（Ga）与砷（AS）、磷（P）的化合物制成的二极管。磷砷化镓二极管发红光，磷化

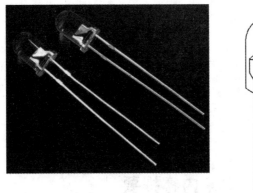

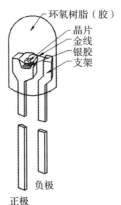

环氧树脂（胶）

晶片
金线
银胶
支架

负极

正极

图3.1　发光二极管的实物与结构

镓二极管发绿光，碳化硅二极管发黄光。常用的大功率单色发光二极管以红光、绿光、蓝光生产的最多，还有青光、黄光等，不同发光半导体材料与发光颜色参见表3.1。

表 3.1　发光二极管材料与发光颜色

序　号	LED材料	材料化学式	颜　色
1	磷砷化镓	GaAs	红　光
2	磷化镓	GaP	绿　光
3	碳化硅	SiC	黄　光
4	氮化镓	GaN	蓝　光

　　全彩发光二极管一般是红、绿、蓝单色管集成的彩色管，集成的方式通常有两种：一种是3个RGB设计到同一块铝基板上，另一种是3个RGB芯片绑定到一个LED封装中。全彩发光二极管可以组合成多达上百万种的颜色。全彩发光二极管的实物图如图3.2所示。

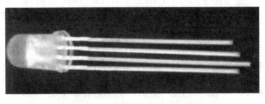

图3.2　全彩发光二极管

3.1.2　三基色原理

　　在中学物理课上大家可能做过棱镜色散的实验，白光通过棱镜后被分解成多种颜色逐渐过渡的色谱，颜色依次为红、橙、黄、绿、青、蓝、紫，这就是可见光谱。其中人眼对红、绿、蓝最为敏感，人的眼睛就像一个三色接收器的体系，大多数的颜色可以通过红、绿、蓝三色按照不同的比例合成产生。同样，绝大多数单色光也可以分解成红、绿、蓝三种色光。这是色度学的最基本原理，即三基色原理。三种基色是相互独立的，任何一种基色都不能由其他两种颜色合成。红、绿、蓝是三基色，这三种颜色合成的颜色范围最为广泛。红、绿、蓝三基色按照不同的比例相加合成混色称为相加混色。常见颜色的 RGB 混色如表 3.2 所示。

表 3.2　常见颜色的 RGB 混色表

序　号	R	G	B	颜　色
1	0	0	0	黑色
2	128	0	0	深红
3	0	128	0	绿色
4	128	128	0	深黄
5	0	0	128	深蓝
6	128	0	128	紫色
7	0	128	128	蓝绿
8	128	128	128	灰色
9	192	192	192	银灰
10	255	0	0	红色
11	0	255	0	鲜绿
12	255	255	0	黄色
13	0	0	255	蓝色
14	255	0	255	粉红
15	0	255	255	青绿
16	255	255	255	白色

3.1.3　串口混色器

图 3.3 所示为串口混色器的电路图，在 Arduino 控制板的模拟输出端口 13、12 和 11 上分别接有共阴极全彩发光二极管的红色、绿色和蓝色引脚，公共端接 GND。程序通过串口监视器为其发送指令，控制全彩发光二极管发出不同颜色的光。

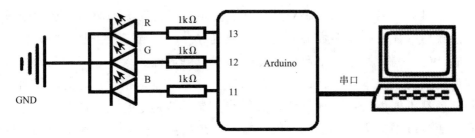

图 3.3　串口混色器电路图

3.1.4　程序 3_1：串口混色器

具体程序内容如下：

```
//程序效果：通过串口监视器发送命令，控制全彩发光二极管显示不同的颜色
int R = 13;                    //接全彩发光二极管的红色引脚，在
                                 Arduino2560上，13号引脚为模拟
                                 输出引脚
int G = 12;                    //接全彩发光二极管的绿色引脚，在
                                 Arduino2560上，12号引脚为模拟
                                 输出引脚
int B = 11;                    //接全彩发光二极管的蓝色引脚，在
                                 Arduino2560上，11号引脚为模拟
                                 输出引脚
String myColor = " ";          //定义字符串型变量mycolor，用来
                                 存放串口发来的RGB值（颜色值）

void setup() {
  // put your setup code here, to run once:
  Serial.begin(9600);          //初始化串口设定传输速率为9600bit/s
  pinMode(R,OUTPUT);
  pinMode(G,OUTPUT);
  pinMode(B,OUTPUT);
}
void loop() {
  // put your main code here, to run repeatedly:
  if (Serial.available()>0)    //判断串口缓冲器中是否有可用数据？
```

```
{
  if (Serial.peek() != '\n')
                              //利用字符串结尾的换行符判断命令是
                              否结束
  {
    myColor = myColor +(char)Serial.read();
                              //将计算机发送来RGB值逐个读入，
                              并存储于myColor中
  }
  else
  {
    String bai,shi,ge;        //某种颜色值的百位、十位和个位值
    int Red,Green,Blue;       //红色、绿色和蓝色的数值
    Serial.read();            //去掉最后的换行符
    bai = myColor[0];         //获得红色百位
    shi = myColor[1];         //获得红色十位
    ge = myColor[2];          //获得红色个位
    Red = bai.toInt() * 100 + shi.toInt() * 10 + ge.toInt();
                              //得到红色输出值
    analogWrite(R,Red);       //设置红色LED输出值
    Serial.print("Red=");     //输出字符串"Red="，不换行
    Serial.println(Red);      //输出红色设置值并换行
    bai = myColor[3];         //获得红色百位
    shi = myColor[4];         //获得红色十位
    ge = myColor[5];          //获得红色个位
    Green = bai.toInt() * 100 + shi.toInt() * 10 + ge.toInt();
                              //得到绿色输出值
    analogWrite(G,Green);     //设置绿色LED输出值
    Serial.print("Green=");   //输出字符串"Green="，不换行
    Serial.println(Green);    //输出绿色设置值并换行
    bai = myColor[6];         //获得蓝色百位
    shi = myColor[7];         //获得蓝色十位
```

```
ge = myColor[8];              //获得蓝色个位
Blue = bai.toInt() * 100 + shi.toInt() * 10 + ge.toInt();
                              //得到蓝色输出值
analogWrite(B,Blue);          //设置蓝色LED输出值
Serial.print("Blue=");        //输出字符串 "Blue=", 不换行
Serial.println(Blue);         //输出蓝色设置值并换行
myColor = " ";                //设置完毕, 将myColor置空, 为下
                              次输出作准备
    }
  }
}
```

打开串口监视器, 发送 "000255000"、"255000000"、"127127255" 和 "255255000" 等命令, 则会看到全彩发光二极管按照发送的信息调节了颜色。

程序中使用了换行符 "\n" 作为停止符, 因此需将串口监视器下方的第一个下拉菜单设置为 "换行符", 如图3.4所示。

3.1.5　解读程序 3_1

1. 串口、不同 Arduino 控制板上的串口位置

串行接口 (Serial Interface), 简称串口, 是指数据一位一位地顺序传送, 其特点是通信线路简单, 只要一对传输线就可以实现双向通信 (可以直接利用电话线作为传输线), 从而大大降低成本, 特别适用于远距离通信, 但传送速度较慢。一条信息的各位数据被逐位按顺序传送的通讯方式称为串行通信。串行通信的特点是: 数据位的传送按位顺序进行, 只需一根传输线即可完成, 成本低, 传送速度慢。串行通信的距离可以从几米到几千米, 根据信息的传送方向, 串行通信可以进一步分为单工、半双工和全双工三种。

图3.5所示为串口通信连接示意图, 在进行串口通信时, 两个串口设备的发送端 (TX) 和接收端 (RX) 要交叉相连, 并且共用电源地 (GND)。

不同的 Arduino 控制板上的串口数量和位置是不同的, 在 Arduino UNO 等使用 ATmega328 芯片的 Arduino 控制板上, 只有一组串行端口, 即位于 0 (RX) 和 1 (TX) 的引脚。Arduino Mega 和 Arduino Due 上有 4 组

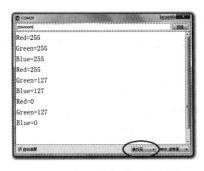

图3.4 串口混色器运行结果

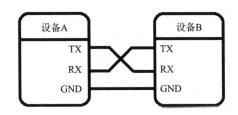

图3.5 串口通信示意图

串口，程序中对应的对象分别为Serial、Serial1、Serial2和Serial3，如图3.6所示。

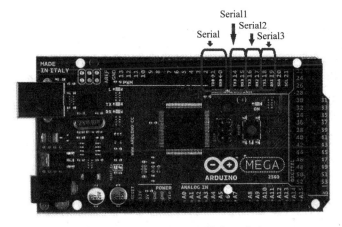

图3.6 Arduino Mega的串口分布

2. 通信协议

在第2章的程序2_3中，我们通过使用analogRead（pin）语句，读取了模拟输入口的值，并通过Serial.print（）语句和Serial.println（）语句在串口监视器上显示了得到的模拟输入口的值。在程序3_1中，我们要通过串口监视器向Arduino控制器发送命令。要完成这个任务我们首先要制定相关的通信协议。

通信协议（communications protocol）是指通信各方事前约定的通信规则，可以简单地理解为各计算机之间或计算机与外围设备进行相互会话所使用的共同语言。两台计算机在进行通信时，必须使用相同的通信协议。通信协议要包括以下3个要素：

（1）语义："讲什么"，数据内容、含义以及控制信息。在程序3_1中，每一条指令中我们需要告诉Arduino控制器红色、绿色和蓝色的RGB颜色值分别是多少。

（2）语法："如何讲"，数据的格式、编码和信号等级（电平的高低）。在程序3_1中，由于每种颜色值的范围都是0~255的数值，所以我们规定每条指令由9位数字构成，其中1~3位是红色的颜色值，4~6位是绿色的颜色值，7~9位是蓝色的颜色值，如果颜色值不足3位时，需要用数字"0"进行补位，比如红色值为0，绿色值为90，蓝色值为128，此时发出的指令应为：000090128。

（3）定时规则：明确通信的顺序、速率匹配和排序。在程序3_1中只需要由计算机向Arduino控制器发送指令，为了简化程序，程序3_1中并没有要求Arduino控制器进行应答和纠错操作，双方的通信速率被设定为9600bit/s。

3. 字符、字符串和字符数组

1）字符

字符是指包含在一对单引号内的一个字符，如 'A'，字符以编号的形式存储。你可以在ASCII表中看到对应的编码。下面是两个定义字符型变量的例子：

```
char myChar = 'A';
char myChar = 65;        //这两个定义具有相同的效果
```

2）字符串

字符串是指包含在一对双引号内的若干字符，如 "ABCabc"，下面是两个定义字符串型变量的例子：

```
char myString1 ="ABCabc";
char myString2 ="5159@cnu.edu.cn"; //伴老师的电子信箱
```

3）字符数组

你也可以将字符串看成是由若干char类型的数组和终止字符（'\0'）构成。字符数组的定义举例如下：

```
String str1 = "arduino";         //在Str1中声明一个字符串
char Str2[8] = {'a', 'r', 'd', 'u', 'i', 'n', 'o'};
```

```
                              //在 Str2 中声明一个字符数组（包括
                              一个附加字符）
                              //编译器会自动添加所需的空字符
char Str3[8] = {'a', 'r', 'd', 'u', 'i', 'n', 'o', '\0'};
                              //在 Str3 中明确加入空字符
```

Str1、Str2 和 Str3 可以看成是等价的。

4. Serial.available（）语句、Serial.read（）语句和 Serial.peek（）语句

1）Serial.available（）语句

该语句用来获取串口上可读取的数据的字节数。该数据是指已经到达并存储在接收缓存（共有 64 字节）中。如果 Serial.available（）>0，则说明串口接收缓存区中有可用数据。

语法格式如下：

（1）对于 Arduino UNO 等控制板，由于只有一个硬件串口，所以格式为

```
Serial.available()
```

（2）对于 Arduino Mega 控制板，由于存在 4 个硬件串口，所以格式为

```
Serial.available()、Serial1.available()、Serial2.
available()、Serial3.available()
```

参数：无

返回值：返回串口接收缓冲区中可读取数据的字节数。

2）Serial.read（）语句

该语句用于读取串口数据，每读取 1 个字节的数据，就会从串口接收缓冲区移除 1 个字节的数据。

语法格式如下：

（1）对于 Arduino UNO 等控制板，由于只有一个硬件串口，所以格式为

```
Serial.read()
```

（2）对于 Arduino Mega 控制板，由于存在 4 个硬件串口，所以格式为

```
Serial.read()、Serial1.read()、Serial2.read()、 Serial3.read()
```

参数：无

返回值：串口上第一个可读取的字节（如果没有可读取的数据则返回 –1 ）。

3）Serial.peek（ ）语句

该语句用于从串口读取1个字节的数据，如果没有可读取的数据则返回 –1。

语法格式如下：

（1）对于Arduino UNO等控制板，由于只有一个硬件串口，所以格式为

```
Serial.peek()
```

（2）对于Arduino Mega控制板，由于存在4个硬件串口，所以格式为

```
Serial.peek()、Serial1.peek()、Serial2.peek()、 Serial3.peek()
```

参数：无

返回值：串口上第一个可读取的字节（如果没有可读取的数据则返回 –1 ）。

4）read和peek输入方式的差异

串口接收到的数据都会暂时存放在接收缓冲区中，使用read（ ）与peek（ ）都是从接收缓冲区中读取数据。不同的是，使用read（ ）读取数据后，会将该数据从接收缓冲区移除；而使用peek（ ）读取时，不会移除接收缓冲区中的数据。

输入以下程序，观察Serial.read（ ）读取数据的结果：

```
char col;
void setup() {
  Serial.begin(9600);
}
void loop() {
  while(Serial.available()>0){
    col=Serial.read();
    Serial.print("Read: ");
    Serial.println(col);
    delay(1000);
  }
}
```

下载以上程序，打开串口监视器，向 Arduino 发送 "read"，则会看到图 3.7 所示的信息，串口一次输出了刚才发送的字符，输出完成后，串口便开始等待下一次输出。

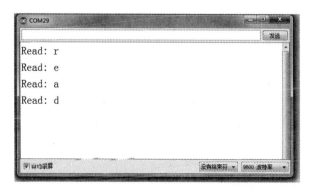

图 3.7 Serial.read（）运行结果

输入以下程序，观察 Serial.peek（）读取数据的结果：

```
char col;
void setup() {
  Serial.begin(9600);
}


void loop() {
  while(Serial.available()>0){
    col=Serial.peek();
    Serial.print("Read: ");
    Serial.println(col);
    delay(1000);
  }
}
```

下载以上程序，打开串口监视器，向 Arduino 发送 "peek"，则会看到图 3.8 所示的信息，由于 peek（）语句在读取数据时，不会移除缓冲区中的数据，因此使用 available（）获得的缓冲区可用字节数不会改变，且每次读取时，都是当前缓冲区的第 1 个字节。

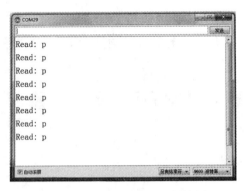

图3.8　Serial.pee（ ）运行结果

3.2 流水灯的使用

3.2.1 硬件积累——流水灯

如图3.9所示，将若干个发光二极管按一定顺序排列起来构成的模块被称为流水灯模块。流水灯模块由相应的程序控制可以产生出各种各样的效果，起到烘托气氛的作用。

（a）8路流水灯模块

（b）心形流水灯模块

（c）Iduino-2上的流水灯

图3.9　流水灯模块

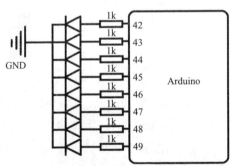

图3.10　Iduino-2上流水灯的电路图

3.2.2 流水灯程序

图3.10所示为Iduino上流水灯的电路图。

程序3_2的目的是显示流水灯发光的效果。

```
int led[8] = {42,43,44,45,46,47,48,49};
                                        //利用数组定义流水灯引脚
void setup() {
  // put your setup code here, to run once:
  int i;
  for(i=0;i<=7;i++)
  {
   pinMode(led[i],OUTPUT);              //将流水灯引脚逐个设置为
                                          OUTPUT模式

  }
  for(i=0;i<8;i++)
  {
   digitalWrite(led[i],LOW);            //将8个流水灯逐个设置为熄灭
                                          状态

  }
}
void loop() {
  // put your main code here, to run repeatedly:
  int i;
  for(i=0;i<=7;i++)
  {
   digitalWrite(led[i],HIGH);           //逐个点亮流水灯
   delay(1000);                         //点亮后，保持状态1秒钟
   digitalWrite(led[i],LOW);            //熄灭刚刚点亮的LED，每一时
                                          刻只有一个LED被点亮

  }
  for(i=0;i<=7;i++)
  {
   digitalWrite(led[i],HIGH);           //逐个点亮流水灯
   delay(1000);                         //点亮后，保持状态1秒钟
  }
  for(i=0;i<=7;i++)
```

```
  {
   digitalWrite(led[i],LOW);                //当8个流水灯都被点亮后，一
                                              次都熄灭

  }
}
```

3.2.3 程序解读

程序3_2中需要读者注意的有以下3个方面的内容。

1. 使用数组定义引脚

在程序3_2中，我们第一次使用数组对引脚进行定义和设置。使用数组可以大大简化引脚的定义和设置。由于Iduino-2型Arduino控制板的8路流水灯接在引脚42～49上，所以程序开头我们使用：

```
int led[8] = {42,43,44,45,46,47,48,49};
```

来定义流水灯的引脚。

数组是由一组具有相同数据类型的数据构成的集合。数组概念的引入，使得在处理多个相同类型的数据时程序更加清晰和简洁。我们可以将一系列引脚也看成是一种特殊的数据类型。

数组的定义方式如下：

```
数据类型 数组名称 [数组元素个数];
```

如刚刚使用过的语句：

```
int led[8] = {42,43,44,45,46,47,48,49};
```

就是定义了一个具有8个元素的整形数组。如果要访问一个数组中的某个元素，则需要使用语句：

```
数组名称 [下标];
```

需要注意的是，数组下标是从0开始编号的，数组的最大编号为"数组元素个数 -1"。比如我们要访问数组led中的第一个元素使用

```
digitalWrite(led[0],HIGH);
```

这条语句等同于

```
digitalWrite(42,HIGH);
```

而访问数组led中的最后一个元素时使用

```
digitalWrite(led[7],HIGH);
```

这条语句等同于

```
digitalWrite(49,HIGH);
```

2. for语句的初值和终值设置

在程序3_2中，我们使用

```
for(i=0;i<=7;i++)
{
  pinMode(led[i],OUTPUT);        //将流水灯引脚逐个设置为OUTPUT模式
}
```

对流水灯的引脚进行模式设置，此程序段中循环变量i的初值为0，由于循环终值条件为i<=7，所以循环终值为7。

同理，在程序3_2中，我们使用

```
for(i=0;i<8;i++)
{
  digitalWrite(led[i],LOW);      //将8个流水灯逐个设置为熄灭状态
}
```

将流水灯的初始状态均设为LOW，此程序段中循环变量i的初值为0，由于循环终值条件为i<8，所以循环终值仍旧为7。读者要仔细体会for循环的循环变量的初值和终值的设置方法。特别是在使用循环对数组进行操作时，如果循环变量的值超出了数组下标的范围，则可能导致错误，例如：

```
for(i=0;i<=8;i++)
{
  digitalWrite(led[i],LOW);      //将8个流水灯逐个设置为熄灭状态
}
```

由于没有led［8］这个元素，则会发生错误。

3．流水灯的单独点亮和依次点亮方法

在程序3_2的void loop（）中，我们使用下面的语句实现单独、逐个点亮流水灯中每个LED，效果如图3.11所示，请读者仔细观察循环变量i的变化与流水灯点亮情况的关系。

```
for(i=0;i<=7;i++)
{
  digitalWrite(led[i],HIGH);    //逐个点亮流水灯
  delay(1000);                  //点亮后，保持状态1秒钟
  digitalWrite(led[i],LOW);     //熄灭刚刚点亮的LED
}
```

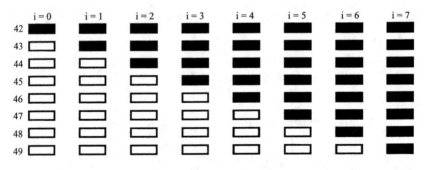

图3.11　流水灯的单独逐个点亮

在程序3_2的void loop（）中，我们使用下面的语句实现依次点亮流水灯中每个LED，效果如图3.12所示，请读者仔细观察循环变量i的变化与流水灯点亮情况的关系。

```
for(i=0;i<=7;i++)
{
  digitalWrite(led[i],HIGH);        //逐个点亮流水灯
  delay(1000);                      /点亮后，保持状态1秒钟
}
```

当流水灯中所有的 LED 都点亮后，我们使用下面的语句熄灭流水灯中所有的 LED，故循环体中没有 "delay（1000）；" 语句，效果如图 3.12 最右侧--列所示，希望读者认真体会。

```
for(i=0;i<=7;i++)
{
    digitalWrite(led[i],LOW);    //当8个流水灯都被点亮后，一次都熄灭
}
```

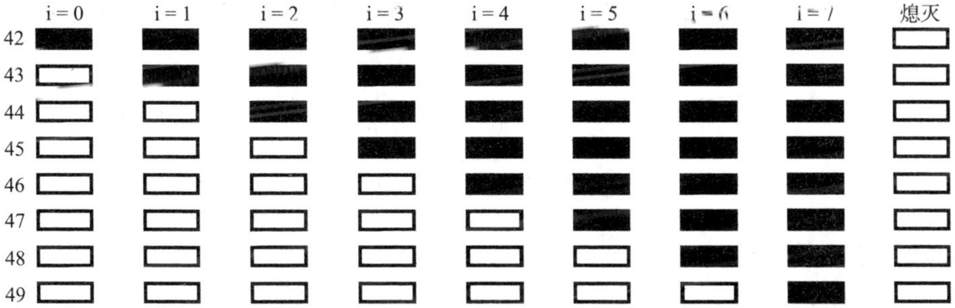

图 3.12 流水灯的依次点亮和同时熄灭

3.3 数码管

3.3.1 硬件积累——数码管

LED 数码管（LED Segment Displays）是由多个发光二极管封装在一起组成 "8" 字形的器件，如图 3.13（a）所示。引线已在内部连接完成，只需引出它们的各个笔划、公共电极。LED 数码管常用段数一般为 7 段，有的另加一个小数点。

数码管根据 LED 的接法不同，分为共阴和共阳两类。所谓共阴数码管是指数码管中的所有发光二极管的负极连接在一起，使用时公共端接 GND，各正极为高电平时点亮不同笔段；所谓共阳数码管是指数码管中的所有发光二极管的正极连接在一起，使用时公共端接电源正极，负极置低电平时点亮不同笔段。共阴和共阳数码管的电路如图 3.13（b）所示。

了解 LED 数码管的这些特性，对编程是很重要的，因为不同类型的数码管，除了它们的硬件电路有差异外，编程方法也是不同的。和发光二极管一样，数码管也有红、绿、蓝、黄等不同颜色，不过最常用的是红色和绿色数码

管。LED数码管广泛用于仪表、时钟、车站、家电等场合。选用时要注意产品尺寸颜色、功耗、亮度、波长等。下面将介绍如何使用单位和双位数码管。

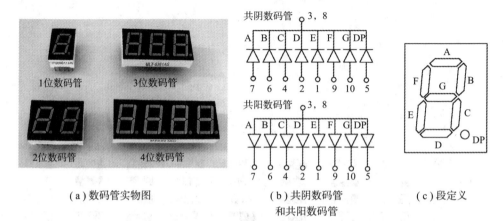

（a）数码管实物图   （b）共阴数码管   （c）段定义
                          和共阳数码管

图3.13 数码管的实物图、电路图和段定义

3.3.2 数码管的编码

如果想使用数码管，首先需要掌握数码管的段定义和编码方式。图3.13（c）所示为数码管的段定义。我们通常将数码管中构成"8"字的外框的6个笔段按顺时针方向定义为A ~ F，中间笔段定义为G，小数点定义为DP或H。一般说来，8段数码管可以构成0 ~ 9十个数字和a ~ f六个字母（图3.14）。

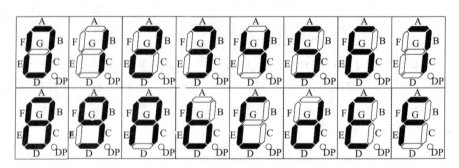

图3.14 数码管的编码图

前面已经讲过共阴数码管是指数码管中的所有发光二极管的负极连接在一起，使用时公共端接GND，各正极为高电平时点亮不同笔段，表3.3所示为使用共阴数码管显示不同字符时，各个笔段的编码表。如果使用共阳数码管时，只需要将表3.3中的高、低电平反转即可（即高电平变为低电平，低电平变为高电平）。

表 3.3 共阴数码管编码表

字符\\笔段	0	1	2	3	4	5	6	7	8	9	a	b	c	d	e	f
A	HIGH	LOW	HIGH	HIGH	LOW	HIGH	HIGH	HIGH	HIGH	HIGH	HIGH	LOW	HIGH	LOW	HIGH	HIGH
B	HIGH	HIGH	HIGH	HIGH	HIGH	LOW	LOW	HIGH	HIGH	HIGH	HIGH	LOW	LOW	HIGH	LOW	LOW
C	HIGH	HIGH	LOW	HIGH	HIGH	HIGH	HIGH	HIGH	HIGH	HIGH	HIGH	HIGH	LOW	HIGH	LOW	LOW
D	HIGH	LOW	HIGH	HIGH	LOW	HIGH	HIGH	LOW	HIGH	HIGH	LOW	HIGH	HIGH	HIGH	HIGH	LOW
E	HIGH	LOW	HIGH	LOW	HIGH	LOW	HIGH	LOW	LOW	LOW	HIGH	LOW	HIGH	HIGH	HIGH	HIGH
F	HIGH	LOW	LOW	LOW	HIGH	HIGH	HIGH	LOW	HIGH	HIGH	HIGH	HIGH	HIGH	LOW	HIGH	HIGH
G	LOW	LOW	HIGH	HIGH	HIGH	HIGH	HIGH	LOW	HIGH	HIGH	LOW	HIGH	LOW	HIGH	HIGH	HIGH
DP	LOW	LOW	LOW	LOW	LOW	LOW	LOW	LOW	LOW	LOW	LOW	LOW	LOW	LOW	LOW	LOW

3.3.3 单位数码管显示

Iduino-2型Arduino控制板上自带双位共阴数码管模块（图3.15），可以很方便地实现单位、双位数码管显示。如图3.15所示，Iduino-2型Arduino控制板上的数码管的A～DP段依次接在42～49引脚上，由于数码管和8路流水灯共用这些引脚，所以需要将数码管旁边双位拨码开关的1拨码拨到ON位置以便使用数码管。引脚26和27是数码管的位选引脚，高电平选通。在介绍双位数码管的使用时我们会进一步介绍位选引脚的作用。下面先介绍使用单位数码管的方法。

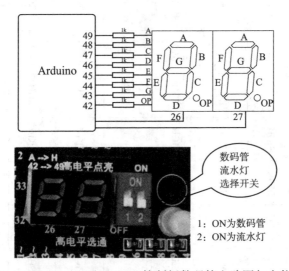

图3.15 Iduino-2型Arduino控制板数码管电路图与实物图

1. 程序3_3：单位数码管的使用1
以下是具体的程序内容：

```
//程序效果：在一个数码管上交替显示数字0和数字1，每个数字的显示时间为1秒
int A = 42;
int B = 43;
int C = 44;
int D = 45;
int E = 46;
int F = 47;
int G = 48;
```

```
int DP = 49;
int D1 = 26;
int D2 = 27;
void setup() {
  // put your setup code here, to run once:
  pinMode(A,OUTPUT);
  pinMode(B,OUTPUT);
  pinMode(C,OUTPUT);
  pinMode(D,OUTPUT);
  pinMode(E,OUTPUT);
  pinMode(F,OUTPUT);
  pinMode(G,OUTPUT);
  pinMode(DP,OUTPUT);
  pinMode(D1,OUTPUT);
  pinMode(D2,OUTPUT);

  digitalWrite(D1,HIGH);   //对位选通引脚的设置，左边的数码管可以使用
  digitalWrite(D2,LOW);    //对位选通引脚的设置，右边的数码管不能使用
}


void loop() {
  // put your main code here, to run repeatedly:
  digitalWrite(A,HIGH);
  digitalWrite(B,HIGH);
  digitalWrite(C,HIGH);
  digitalWrite(D,HIGH);
  digitalWrite(E,HIGH);
  digitalWrite(F,HIGH);
  digitalWrite(G,LOW);
  digitalWrite(DP,LOW);
  delay(1000);
  digitalWrite(A,LOW);
```

```
    digitalWrite(B,HIGH);

    digitalWrite(C,HIGH);

    digitalWrite(D,LOW);

    digitalWrite(E,LOW);

    digitalWrite(F,LOW);

    digitalWrite(G,LOW);

    digitalWrite(DP,LOW);

    delay(1000);

}
```

2. 程序解读

程序 3_3 较为简单，在 setup（）中主要是对数码管的各个引脚进行定义，并将其设置为 OUTPUT，即输出状态。需要注意的是对位选通引脚的设置：

```
digitalWrite(D1,HIGH);    //对位选通引脚的设置，左边的数码管可以使用
digitalWrite(D2,LOW);     //对位选通引脚的设置，右边的数码管不能使用
```

我们在使用多位数码管时，为了节约 Arduino 上的 I/O 口，通常采用数码管的动态显示方法，即多个数码管的 A ～ DP 位接在一起，通过使用位选通引脚来控制在某一时刻哪个数码管可以显示。前面已经讲过 Iduino-2 型 Arduino 控制板上的数码管是高电平选通，即当引脚 26 为高电平时，左边的数码管有效，引脚 27 为高电平时右边的数码管有效。所以上面两句程序的作用是使得左边的数码管有效和右边的数码管处于关闭状态。

程序 3_3 的 loop（）部分主要是根据数码管的编码（参见表 3.3）对其进行赋值，首先是将数字 0 的编码逐位赋给对应的引脚，并保持 1 秒：

```
digitalWrite(A,HIGH);
digitalWrite(B,HIGH);
digitalWrite(C,HIGH);
digitalWrite(D,HIGH);
digitalWrite(E,HIGH);
digitalWrite(F,HIGH);
```

```
digitalWrite(G,LOW);
digitalWrite(DP,LOW);
delay(1000);
```

然后是将数字1的编码逐位赋给对应的引脚，并保持1秒：

```
digitalWrite(A,LOW);
digitalWrite(B,HIGH);
digitalWrite(C,HIGH);
digitalWrite(D,LOW);
digitalWrite(E,LOW);
digitalWrite(F,LOW);
digitalWrite(G,LOW);
digitalWrite(DP,LOW);
delay(1000);
```

上述过程会重复进行，程序运行的效果就是数字"0"显示1秒后，变换为数字"1"显示1秒，并重复此过程。

3.3.4 利用数组显示数字0～9和字母a～f

1. 程序3_4：利用数组显示0～9和a～f
具体程序内容如下：

```
//程序效果：程序依次显示0～9和a～f，每个数字或字母显示1秒
int ledPin[8] = {42,43,44,45,46,47,48,49};
                                        //数码管的引脚
int dPin[2] = {26,27};                  //位选通的引脚
int ma[16][8] = {                       //数组ma[16][8]用来存储数
                                        //码管0～9和a～f的编码
  {1,1,1,1,1,1,0,0},//0
  {0,1,1,0,0,0,0,0},//1
  {1,1,0,1,1,0,1,0},//2
  {1,1,1,1,0,0,1,0},//3
  {0,1,1,0,0,1,1,0},//4
```

```
  {1,0,1,1,0,1,1,0},//5
  {1,0,1,1,1,1,1,0},//6
  {1,1,1,0,0,0,0,0},//7
  {1,1,1,1,1,1,1,0},//8
  {1,1,1,1,0,1,1,0},//9
  {1,1,1,0,1,1,1,0},//a
  {0,0,1,1,1,1,1,0},//b
  {1,0,0,1,1,1,0,0},//c
  {0,1,1,1,1,0,1,0},//d
  {1,1,0,1,1,1,1,0},//e
  {1,0,0,0,1,1,1,0}  //f
};
void setup() {
  // put your setup code here, to run once:
  int i;
  for(i=0;i<=7;i++)
  {
    pinMode(ledPin[i],OUTPUT);
  }
  for(i=0;i<=1;i++)
  {
    pinMode(dPin[i],OUTPUT);
  }
  digitalWrite(dPin[0],HIGH);      //26号引脚为高电平，左边数
                                   码管有效
  digitalWrite(dPin[1],LOW);       //27号引脚为低电平，右边数码
                                   管不能使用
}
void loop() {
  // put your main code here, to run repeatedly:
  int i,j;
  for(i=0;i<=15;i++)
```

```
    {
        for(j=0;j<=7;j++)
        {
            digitalWrite(ledPin[j],ma[i][j]);
                                        //对数码管的引脚进行赋值
        }
        delay(1000);                    //保持字符1秒
    }
}
```

2. 程序解读

在程序3_3中，我们使用逐位赋值的方法实现了数码管的显示，但是实际操作中如果这样做会使得程序变得十分冗长。为了使程序变得实用和简单，在程序3_4中我们使用二维数组存储数码管的编码信息，利用双重循环来显示0~9和a~f，从而简化了程序。具体解读的内容如下：

在程序3_4的开头部分，我们首先定义了整型二维数组ma[16][8]来存储数码管编码信息。因为要显示的数字和字母一共有16个，所以数组的行数为16，数码管一共有8段，所以数组有8列。用"1"代表高电平（HIGH），用"0"代表低电平（LOW）。

数码管的引脚和位选通引脚也使用数组进行定义：

```
int ledPin[8] = {42,43,44,45,46,47,48,49};
int dPin[2] = {26,27};
```

便于利用循环对其进行操作。

在程序3_4的setup（）中，使用循环对数码管的引脚和位选通引脚进行定义和状态设置，由于本程序依旧只使用一个数码管，所以仍旧保持一个选通引脚为高电平，另外一个选通引脚为低电平：

```
digitalWrite(dPin[0],HIGH);    //26号引脚为高电平，左边数码管有效
digitalWrite(dPin[1],LOW);     //27号引脚为低电平，右边数码管不能
                               使用
```

本程序的重点部分是在 loop（）中的双重循环：

```
for(i=0;i<=15;i++)
{
  for(j=0;j<=7;j++)
  {
    digitalWrite(ledPin[j],ma[i][j]);
  }
  delay(1000);
}
```

我们首先设定外层循环变量 i 的值为 0，就是要显示数字 "0"，则内层循环变为：

```
for(j=0;j<=7;j++)
{
  digitalWrite(ledPin[j],ma[0][j]);
}
```

内层循环是用来对数码管的引脚进行赋值的，这个内层循环相当于一次执行了以下 8 个语句：

```
digitalWrite(ledPin[0],ma[0][0]);
digitalWrite(ledPin[1],ma[0][1]);
digitalWrite(ledPin[2],ma[0][2]);
digitalWrite(ledPin[3],ma[0][3]);
digitalWrite(ledPin[4],ma[0][4]);
digitalWrite(ledPin[5],ma[0][5]);
digitalWrite(ledPin[6],ma[0][6]);
digitalWrite(ledPin[7],ma[0][7]);
```

将数组中对应的数值带入，上面的 8 个语句等价于下面 8 个语句：

```
digitalWrite(42,1);
digitalWrite(43,1);
```

```
digitalWrite(44,1);
digitalWrite(45,1);
digitalWrite(46,1);
digitalWrite(47,1);
digitalWrite(48,0);
digitalWrite(49,0);
```

这8个语句看起来是不是很熟悉？对了，就是我们在程序3_3中对数码管引脚进行赋值的语句，只不过这里我们用"0"、"1"代替了"HIGH"和"LOW"。执行完一次内层循环后，就会执行内、外层循环语句之间的延时语句

```
delay(1000);
```

使得数字"0"保持1秒。随后，外层循环变量i的值变为1，重复上面的过程，就可以依次显示0~9和a~f。

3.3.5 双位数码管的动态显示

大多数情况下，只有单位数码管是不能满足实际应用的需要的。我们经常会遇到使用多位数码管显示信息的情况。多位数码管的驱动方式分为静态显示和动态显示两种。如图3.16（b）所示，数码管的静态显示是指每个数码管的所有引脚都由独立的I/O口控制。数码管静态显示的优点是每个数码管都可以分开控制、显示无闪烁，缺点是需要大量占用宝贵的I/O口。

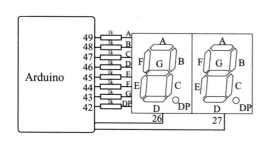

（a）双位数码管的动态显示

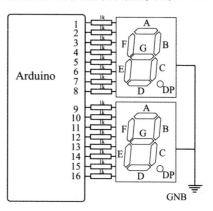

（b）双位数码管的静态显示

图3.16 数码管的动态显示和静态显示

如图 3.16（a）所示，数码管的动态显示是指所有数码管共用一组数据线，优点是可以节约大量的 I/O 口，缺点是数码管需要轮流显示，控制较为复杂并且不能连接太多的数码管，一般情况下可以同时使用的数码管为 4 ~ 8 位，连接太多的数码管会出现闪烁现象。由于 Arduino 的 I/O 口限制，如果使用多位数码管，我们一般采用数码管动态驱动方式。

1. 程序 3_5：使用双位数码管显示数字 "12"

```
int A = 42;
int B = 43;
int C = 44;
int D = 45;
int E = 46;
int F = 47;
int G = 48;
int DP = 49;
int D1 = 26;
int D2 = 27;
void setup() {
  //put your setup code here, to run once:
  pinMode(A,OUTPUT);
  pinMode(B,OUTPUT);
  pinMode(C,OUTPUT);
  pinMode(D,OUTPUT);
  pinMode(E,OUTPUT);
  pinMode(F,OUTPUT);
  pinMode(G,OUTPUT);
  pinMode(DP,OUTPUT);
  pinMode(D1,OUTPUT);
  pinMode(D2,OUTPUT);
}

void loop() {
  //put your main code here, to run repeatedly:
```

```
//以下8条语句的作用是将数字"1"的编码赋给各个引脚
digitalWrite(A,LOW);
digitalWrite(B,HIGH);
digitalWrite(C,HIGH);
digitalWrite(D,LOW);
digitalWrite(E,LOW);
digitalWrite(F,LOW);
digitalWrite(G,LOW);
digitalWrite(DP,LOW);
digitalWrite(D1,HIGH);              //十位数码管选通
digitalWrite(D2,LOW);              //个位数码管关闭
delay(5);                          //保持5ms
//以下8条语句的作用是将数码管的所有段熄灭，避免辉光效应，术语为消隐
digitalWrite(A,LOW);
digitalWrite(B,LOW);
digitalWrite(C,LOW);
digitalWrite(D,LOW);
digitalWrite(E,LOW);
digitalWrite(F,LOW);
digitalWrite(DP,LOW);
//以下8条语句的作用是将数字"2"的编码赋给各个引脚
digitalWrite(A,HIGH);
digitalWrite(B,HIGH);
digitalWrite(C,LOW);
digitalWrite(D,HIGH);
digitalWrite(E,HIGH);
digitalWrite(F,LOW);
digitalWrite(G,HIGH);
digitalWrite(DP,LOW);
digitalWrite(D1,LOW);
digitalWrite(D2,HIGH);
delay(5);
```

```
    digitalWrite(A,LOW);
    digitalWrite(B,LOW);
    digitalWrite(C,LOW);
    digitalWrite(D,LOW);
    digitalWrite(E,LOW);
    digitalWrite(F,LOW);
    digitalWrite(DP,LOW);
}
```

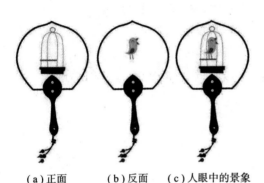

(a)正面   (b)反面   (c)人眼中的景象

图3.17 视觉暂留现象

2. 程序解读

多位数码管的动态显示是依靠人眼的视觉暂留现象实现的。所谓人眼的视觉暂留是指人眼在观察景物时，光信号传入大脑神经，需经过一段短暂的时间，光的作用结束后，视觉形象并不立即消失，这种残留的视觉称"后像"，视觉的这一现象则被称为"视觉暂留"。如图3.17所示，在团扇的一面画有一个鸟笼，另一面画有一只小鸟。当用手搓动团扇使其旋转则在人眼中看到的景象就是在笼子中的小鸟。大多数人视觉暂留的时间为0.1~0.4秒。

程序3_5中先使用语句

```
digitalWrite(A,LOW);
digitalWrite(B,HIGH);
digitalWrite(C,HIGH);
digitalWrite(D,LOW);
digitalWrite(E,LOW);
digitalWrite(F,LOW);
digitalWrite(G,LOW);
digitalWrite(DP,LOW);
```

```
digitalWrite(D1,HIGH);        //十位数码管选通
digitalWrite(D2,LOW);         //个位数码管关闭
delay(5);                     //保持5ms
```

显示十位数字"1"5毫秒，然后使用语句

```
digitalWrite(A,LOW);
digitalWrite(B,LOW);
digitalWrite(C,LOW);
digitalWrite(D,LOW);
digitalWrite(E,LOW);
digitalWrite(F,LOW);
digitalWrite(DP,LOW);
```

熄灭数字"1"这样做是为了避免辉光效应，我们也称其为消隐。

然后利用语句

```
digitalWrite(A,HIGH);
digitalWrite(B,HIGH);
digitalWrite(C,LOW);
digitalWrite(D,HIGH);
digitalWrite(E,HIGH);
digitalWrite(F,LOW);
digitalWrite(G,HIGH);
digitalWrite(DP,LOW);
digitalWrite(D1,LOW);
digitalWrite(D2,HIGH);
delay(5);
```

显示个位数字"2"5毫秒，接着使用语句

```
digitalWrite(A,LOW);
digitalWrite(B,LOW);
digitalWrite(C,LOW);
```

```
digitalWrite(D,LOW);
digitalWrite(E,LOW);
digitalWrite(F,LOW);
digitalWrite(DP,LOW);
```

进行消隐，反复循环就可以在双位数码管上显示数字"12"了。

(a) 点亮十位数字"1"　　　 (b) 点亮个位数字"2"　　　 (c) 人眼中看到"12"

图 3.18　双位数码管的动态显示

3.3.6　60秒倒计时

在程序3_5中我们利用程序造成了"视觉暂留现象"，并利用此现象显示了数字"12"。但是，在大多数情况下我们需要不断更新数码管上的数字。在本小节中我们将利用数组和多重循环来动态更新双位数码管的数字，这个程序综合使用了二维数组和多重循环，请读者结合程序解读仔细体会。

1. 程序3_6：使用双位数码管实现60秒倒计时

```
int ledPin[8] = {42,43,44,45,46,47,48,49}; //数码管的引脚
int dPin[2] = {26,27};                        //十位选通引脚26,
                                              个位选通引脚27
//使用二维数组存储数码管的编码
int ma[10][8] = {
  {1,1,1,1,1,1,0,0},//0
  {0,1,1,0,0,0,0,0},//1
  {1,1,0,1,1,0,1,0},//2
  {1,1,1,1,0,0,1,0},//3
  {0,1,1,0,0,1,1,0},//4
```

```
    {1,0,1,1,0,1,1,0},//5
    {1,0,1,1,1,1,1,0},//6
    {1,1,1,0,0,0,0,0},//7
    {1,1,1,1,1,1,1,0},//8
    {1,1,1,1,0,1,1,0} //9
};
void setup() {
  // put your setup code here, to run once:
  int i;
  for(i=0;i<=7;i++)
  {
      pinMode(ledPin[i],OUTPUT);
  }
  for(i=0;i<=1;i++)
  {
      pinMode(dPin[i],OUTPUT);
  }
}
void loop() {
  // put your main code here, to run repeatedly:
  int i,j,repeat;
  int shi,ge;
  for(i=59;i>=0;i--)
  {
    for(repeat = 1;repeat<=100;repeat++)
    {
      shi = i / 10;
      ge = i % 10;
      for(j=0;j<=7;j++)
      {
        digitalWrite(ledPin[j],ma[shi][j]);
      }
```

```
      digitalWrite(dPin[0],HIGH);

      digitalWrite(dPin[1],LOW);

      delay(5);

      for(j=0;j<=7;j++)

      {

        digitalWrite(ledPin[j],ma[ge][j]);

      }

      digitalWrite(dPin[0],LOW);

      digitalWrite(dPin[1],HIGH);

      delay(5);

    }

  }

}
```

2. 程序解读

理解程序3_6的关键是理解它的多重循环结构，我们从最内层的循环开始解读，最内层循环的程序如下：

```
shi = i / 10;                        //分离出十位数字

ge = i % 10;                         //分离出个位数字

for(j=0;j<=7;j++)

{

  digitalWrite(ledPin[j],ma[shi][j]);

                                     //为十位数字赋值

}

digitalWrite(dPin[0],HIGH);          //选通十位

digitalWrite(dPin[1],LOW);           //关闭个位

delay(5);                            //十位数字显示5毫秒

for(j=0;j<=7;j++)

{

  digitalWrite(ledPin[j],ma[ge][j]); //为个位数字赋值

}
```

```
digitalWrite(dPin[0],LOW);          //关闭十位
digitalWrite(dPin[1],HIGH);         //选通个位
delay(5);
```

　　最内层的程序和程序3_5本质是相同的，只是利用了数组为数码管赋值，每个数字显示5毫秒，一共耗时10毫秒。

```
for(repeat = 1;repeat<=100;repeat++)
{


}
```

　　接着利用repeat循环重复100次，在一个两位数显示100次 × 10毫秒=1000毫秒，就是1秒；最后使用最外层循环

```
for(i=59;i>=0;i--)
{


}
```

实现秒数的更新。

3.4　蜂鸣器的使用

　　蜂鸣器是一种一体化结构的电子讯响器，分为有源蜂鸣器与无源蜂鸣器。这里的"源"不是指电源，而是指振荡源，有源蜂鸣器内部带有振荡源，所以只要一通电就会响，而无源内部不带振荡源，所以如果仅用直流信号无法令其鸣叫，必须用2~5kHz的方波去驱动它。从外观上看，两种蜂鸣器区别不大，但将两种蜂鸣器的引脚都朝上放置时，可以看出有绿色电路板的是无源蜂鸣器（图3.19（a）），没有电路板而用黑胶封闭的是有源蜂鸣器（图3.19（b））。由于无源蜂鸣器可以通过程序改变发出不同的声音，所以Arduino通常使用无源蜂鸣器。在使用无源蜂鸣器时一般需要通过放大电路来进行驱动（图3.19（c）），Iduino控制板上有带放大电路的无源蜂鸣器，通过31号引脚进行控制。

（a）无源蜂鸣器　　　　　　　（b）有源蜂鸣器

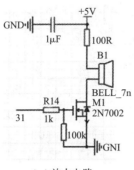

（c）放大电路　　　　　　　（d）在Iduino上的无源蜂鸣器

图3.19 无源蜂鸣器及其放大电路

程序4_1：利用tone函数发出声音。

```
int pinBuzzer = 31;              //引脚31连接到蜂鸣器模块的信号脚
void setup() {
  pinMode(pinBuzzer, OUTPUT);    //设置pinBuzzer脚为输出状态
}
void loop() {
  long frequency = 300;          //频率，单位Hz
  //用tone()函数发出频率为frequency的波形
  tone(pinBuzzer, frequency,1000 );
  noTone(pinBuzzer);             //停止发声
  delay(2000);                   //等待2000毫秒
}
```

2. 程序解读：

在程序4_1中我们使用两个非常重要的函数：tone函数和notone函数。
tone函数的定义如下：

```
tone(pin, frequency, duration);
```

tone函数一共有3个参数：pin，代表控制的引脚；frequency，代表发声频率，单位为Hz；duration，代表持续时间，单位为毫秒。

程序中

```
tone(pinBuzzer, frequency, 1000);
```

语句为控制31号引脚以3000Hz的频率发声，持续1000毫秒。

表3.4所示为C大调音阶和频率的对照表，根据这个表利用tone函数就可以发出不同音调的声音了。

表3.4　C大调音阶与频率对照表

音　阶	do	re	mi=Hz	fa=Hz	so=Hz	la=Hz	xi=Hz
频率（Hz）	261.5	293.5	329.5	349	392	440	494

noTone函数的定义为：

```
noTone(pin);
```

它的含义很简单，就是停止控制引脚pin上的发声。

知识加油站

发光二极管

与普通二极管一样，发光二极管由一个PN结组成，也具有单向导电性。当给发光二极管加上正向电压后，从P区注入N区的空穴和由N区注入P区的电子，在PN结附近数微米内分别与N区的电子和P区的空穴复合，产生自发辐射的荧光。

全彩发光二极管

全彩发光二极管的实物与内部结构如图A所示。全彩LED灯工作时，按三色加法合成所需要的色彩，如红色和绿色合成黄色，红色和蓝色合成洋红色，绿色和蓝色合成青色，红绿蓝合成白色。合成的颜色还决定于基色的发光灰度，单色的发光灰度不同，合成的颜色也有所不同。如果每种颜色产生256级灰度等级，单独控制三种颜色的灰度，则可组合出256*256*256种（16777216种）颜色，即使用RGB三基色就可以合成1600万种颜色。

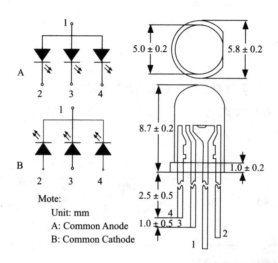

Mote:
Unit: mm
A: Common Anode
B: Common Cathode

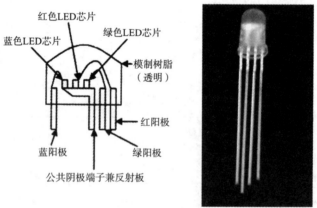

红色LED芯片
蓝色LED芯片
绿色LED芯片
模制树脂（透明）
红阳极
蓝阳极
绿阳极
公共阴极端子兼反射板

图A   全彩发光二极管的实物与结构

第4章

Arduino 的电机及舵机控制

本章内容提要

（1）了解直流电机的工作原理。
（2）了解直流电机的驱动方式。
（3）掌握直流电机的正、反转和速度控制方法。
（4）初步理解和掌握 Arduino 的中断使用方法。
（5）初步掌握码盘的使用方法。
（6）掌握舵机的控制方法。

4.1 直流电机及控制

4.1.1 硬件积累——直流电机

直流电机是将直流电能转换为机械能的装置。直流电机一般由定子和转子两大部分组成。直流电机运行时静止不动的部分称为定子，定子的主要作用是产生磁场，由机座、主磁极、换向极、端盖、轴承和电刷装置等组成。运行时转动的部分称为转子，其主要作用是产生电磁转矩和感应电动势，是直流电机进行能量转换的枢纽，所以通常又称为电枢，由转轴、电枢铁心、电枢绕组、换向器等组成。换向器使转子电流与磁场产生的转矩保持方向不变。根据是否配置电刷-换向器可以将直流电机分为两类：有刷直流电机和无刷直流电机。

在机器人竞赛中通常使用微型直流电机作为机器人的动力输出，如图4.1（b）所示。但是，由于需要电机提供较大的驱动力或扭力，一般不直接使用微型直流电机，而是使用如图4.1（c）所示的直流减速电机为其提供动力输出。

（a）直流有刷电机结构

（b）微型直流电机

（c）直流减速电机

图4.1　直流电机

4.2　直流电机的驱动方式

4.2.1　H桥驱动电路

我们当然可以通过将电机连接上电池的方式使电机工作，但这样做就不能方便地对电机进行控制（例如使电机转向和速度控制）。而且单片机的输出电流较小，单片机不能与电机直接相连，所以直流电机用单片机控制时需要加驱动电路，增加驱动电路的目的是提供足够大的驱动电流。一般来说，直流电机的驱动主要由达林顿管组成的H桥电路进行控制或是使用专用驱动芯片进行控制。

图4.2（a）所示为一个典型的H桥式驱动电路。电路得名于"H桥式驱动电路"是因为它的形状酷似字母H。4个三极管组成H的4条垂直腿，而电机处于H中的横杠（注：图4.2（a）、（b）、（c）都只是示意图，而不是完整的电路图，其中三极管的驱动电路没有画出来。）

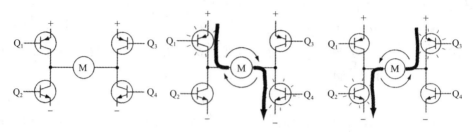

（a）H桥电路的构成　　　（b）H桥电路驱动电机顺时针旋转　　　（c）H桥电路驱动电机逆时针旋转

图4.2　H桥驱动电路原理

如图4.2（a）所示，H桥式电机驱动电路包括4个三极管和一个电机。要使电机运转，必须导通对角线上的一对三极管。根据不同三极管对的导通情况，电流可能会从左至右或从右至左流过电机，从而控制电机的转向。

　　要使电机运转，必须使对角线上的一对三极管导通。如图4.2（b）所示，当Q₁管和Q₄管导通时，电流就从电源正极经Q₁从左至右穿过电机，然后再经Q₄回到电源负极。按图中电流箭头所示，该流向的电流将驱动电机顺时针转动。图4.2（c）所示为另一对三极管Q₂和Q₃导通的情况，电流将从右至左流过电机。当三极管Q₂和Q₃导通时，电流将从右至左流过电机，从而驱动电机沿另一方向转动（电机周围的箭头表示为逆时针方向）。

4.2.2　专用的电机驱动电路

　　在上一小节中我们向大家介绍了通过搭建H桥电路的方式控制直流电机的方法。但是这种方式对于大部分机器人爱好者来说仍旧是较为复杂。现在有许多专用的电机驱动模块可以供大家使用，常见的有L298N、L9110、TB6612FNG等。在选取电机驱动模块时有两个参数是必须考虑的：一个是电机的工作电压，另一个是电机的工作电流。一般说来电机驱动电路的驱动电流要超过电机工作电流的1.5倍以上才较为保险。比如某种直流电机的工作电流是1A，则应当选择驱动电流在1.5A以上的电机驱动模块。

　　1.　使用L298N电机驱动模块控制直流电机

　　在本小节中我们以市面上最为常见的L298N电机驱动模块（如图4.3（a）所示）来说明如何利用电机驱动模块来控制直流电机。L298N

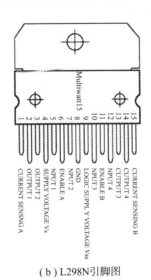

（a）L298N模块图　　　　　　（b）L298N引脚图

图4.3　L298N电机驱动模块

采用15脚 Multiwatt 封装，其引脚如图4.3（b）所示。L298N内部包含4
通道逻辑驱动电路。L298N是一种二相和四相电机的专用驱动器，即内含
两个H桥的高电压大电流双全桥式驱动器，接收标准TTL逻辑电平信号，
可驱动额定电压不超过35V、工作电流不超过2A的电机。

对直流电机的控制包括电机转动方向的控制和电机转动速度的控制。
如图4.3（b）所示，L298N的模块上共有6个控制端口与Arduino相连接，
这6个端口分别是ENA、IN1、IN2、ENB、IN3和IN4。其中ENA和ENB
分别是两路电机的使能端，高电平使能，也可以作为PWM的输入口来控制
电机的转速；IN1、IN2是第1路电机的控制引脚，可以使用高、低电平来
控制电机的转动方向；IN3、IN4是第2路电机的控制引脚，同样可以使用
高、低电平来控制电机的转动方向。

图4.4所示为两种使用Arduino UNO控制板连接L298N电机驱动模
块的接线方式，其中图4.4（a）所示为使用6个I/O口控制L298N的接线
方式，其中ENA和ENB要接具有模拟输出功能的I/O口，因为要进行速
度控制；IN1、IN2、IN3和IN4接任意I/O口即可。控制程序如程序4_1
所示。

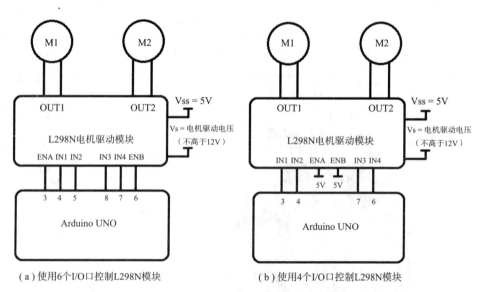

（a）使用6个I/O口控制L298N模块　　（b）使用4个I/O口控制L298N模块

图4.4　使用Arduino UNO控制两个直流电机

2．程序 4_1：使用 6 个 I/O 口控制 L298N 模块

程序4_1的具体内容如下所示：

```
//程序效果：两个电机依次完成以下动作
//（1）全速正转1秒，（2）全速反转1秒，（3）停止1秒，（4）半速正转1秒
int ENA = 3;                          //具有PWM功能的模拟输出引脚
int IN1 = 4;
int IN2 = 5;
int ENB = 6;                          //具有PWM功能的模拟输出引脚
int IN3 = 8;
int IN4 = 7;
void setup() {
  pinMode(ENA,OUTPUT);                //所有控制引脚都是输出模式
  pinMode(IN1,OUTPUT);
  pinMode(IN2,OUTPUT);
  pinMode(ENB,OUTPUT);
  pinMode(IN3,OUTPUT);
  pinMode(IN4,OUTPUT);
}
void loop() {
  analogWrite(ENA,255);               //电机A全速
  digitalWrite(IN1,HIGH);             //电机A正转
  digitalWrite(IN2,LOW);
  analogWrite(ENB,255);               //电机B全速
  digitalWrite(IN1,HIGH);             //电机B正转
  digitalWrite(IN2,LOW);
  delay(1000);
  analogWrite(ENA,255);               //电机A全速
  digitalWrite(IN1,LOW);              //电机A反转
  digitalWrite(IN2,HIGH);
  analogWrite(ENB,255);               //电机B全速
  digitalWrite(IN1,LOW);              //电机B反转
  digitalWrite(IN2,HIGH);
  delay(1000);
  analogWrite(ENA,0);                 //电机A停止
```

```
analogWrite(ENB,0);                  //电机B停止
delay(1000);
analogWrite(ENA,127);                //电机A半速
digitalWrite(IN1,HIGH);              //电机A正转
digitalWrite(IN2,LOW);
analogWrite(ENB,127);                //电机B半速
digitalWrite(IN1,HIGH);              //电机B正转
digitalWrite(IN2,LOW);
delay(1000);
}
```

3. 程序 P4_1 解读

我们以电机 A 的正转来解读程序，其余部分读者可以根据注释内容来学习。
我们在程序开头进行了如下定义：

```
int ENA = 3;
int IN1 = 4;
int IN2 = 5;
```

其中，由于使能端 ENA 是用来控制速度的，所以我们应该将它接在具
有模拟输出功能的 I/O 口上。在本例中我们使用 Arduino UNO 控制板上的
3 号 I/O 口。IN1 和 IN2 是用来控制电机转动方向的，接入任意 I/O 口即可，
本例中使用 Arduino UNO 控制板上的 4 号和 5 号数字 I/O 口。下面的程序段
使得电机 A 全速正转：

```
analogWrite(ENA,255);                //电机A全速
digitalWrite(IN1,HIGH);              //电机A正转
digitalWrite(IN2,LOW);
```

如果想调整电机 A 的转速，则可以改变 "analogWrite（ENA，
255）；"中的数值，范围从 0 ~ 255，数值越大，电机转速就越快，如果数
值为 0，则电机 A 停转。

如果想调整电机 A 的转动方向，则可以通过改变 IN1 和 IN2 的电平来
实现。假如语句：

```
digitalWrite(IN1,HIGH);          //电机A正转
digitalWrite(IN2,LOW);
```

使得电机A顺时针转动，那么语句：

```
digitalWrite(IN1,LOW);           //电机A反转
digitalWrite(IN2,HIGH);
```

则会使电机A逆时针转动

图4.4（b）所示为使用4个I/O口控制L298N的接线方式，其中ENA和ENB要接高电平，因为要进行速度控制。IN1、IN2中的一个要接模拟输出口，另一个接任意I/O口，同理，IN3、IN4中的一个要接模拟输出口，另一个接任意I/O口。

4.　程序4_2:使用4个I/O口控制L298N模块

程序4_2的具体内容如下所示：

```
//程序效果: 两个电机依次完成以下动作
//（1）全速正转1秒,（2）全速反转1秒
//（3）半速正转1秒,（4）停止1秒
int IN1 = 3;                     //具有PWM功能的模拟输出引脚
int IN2 = 4;
int IN4 = 6;                     //具有PWM功能的模拟输出引脚
int IN3 = 7;
void setup() {
  pinMode(IN1,OUTPUT);           //所有引脚都是输出模式
  pinMode(IN2,OUTPUT);
  pinMode(IN3,OUTPUT);
  pinMode(IN4,OUTPUT);
}
void loop() {
  analogWrite(IN1,255);          //电机A全速
  digitalWrite(IN2,LOW);         //电机A正转
  analogWrite(IN4,255);          //电机B全速
```

```
digitalWrite(IN3,LOW);              //电机B正转
delay(1000);
analogWrite(IN1,0);                 //电机A全速
digitalWrite(IN2,HIGH);             //电机A反转
analogWrite(IN4,0);                 //电机B全速
digitalWrite(IN3,HIGH);             //电机B反转
delay(1000);
analogWrite(IN1,127);               //电机A半速
digitalWrite(IN2,LOW);              //电机A正转
analogWrite(IN4,127);               //电机B半速
digitalWrite(IN3,LOW);              //电机B正转
delay(1000);
analogWrite(IN1,255 - 127);         //电机A半速
digitalWrite(IN2,HIGH);             //电机A反转
analogWrite(IN4,255 -127);          //电机B半速
digitalWrite(IN3,HIGH);             //电机B反转
delay(1000);
analogWrite(IN1,0);                 //电机A停止
digitalWrite(IN2,LOW);
analogWrite(IN4,255);               //电机B停止
digitalWrite(IN3,HIGH);
delay(1000);
}
```

5. 程序4_2解读

和程序4_1一样，我们以电机A的正转来解读程序，其余部分读者可以根据注释读懂。

我们在程序开头进行了如下定义：

```
int IN1 = 3;                        //具有PWM功能的模拟输出引脚
int IN2 = 4;
```

如图4.4（b）所示，由于本例中使能端ENA已经接在5V电源的正极，即ENA处于高电平使能状态，那么此时IN1和IN2既要控制电机转动方向

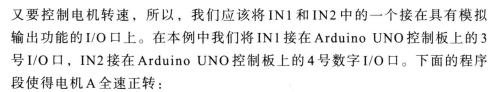

又要控制电机转速，所以，我们应该将IN1和IN2中的一个接在具有模拟输出功能的I/O口上。在本例中我们将IN1接在Arduino UNO控制板上的3号I/O口，IN2接在Arduino UNO控制板上的4号数字I/O口。下面的程序段使得电机A全速正转：

```
analogWrite(IN1,255);          //电机A全速
digitalWrite(IN2,LOW);         //电机A正转
```

这两句话相当于程序4_1中的：

```
analogWrite(ENA,255);          //电机A全速
digitalWrite(IN1,HIGH);        //电机A正转
digitalWrite(IN2,LOW);
```

如果想调整电机A的转速，则可以改变"analogWrite（IN1，255）；"中的数值，范围从0~255，数值越大，电机转速就越快，如果数值为0，则电机A停转。

如果想调整电机A的转动方向，则可以通过改变IN2的电平来实现。假如语句：

```
analogWrite(IN1,255);          //电机A正转
digitalWrite(IN2,LOW);
```

使得电机A顺时针转动，那么语句：

```
analogWrite(IN1,0);            //电机A反转
digitalWrite(IN2,HIGH);
```

则会使电机A逆时针转动。需要特别指出的是，当使用语句对时

```
analogWrite(IN1,0);            //电机A反转
digitalWrite(IN2,HIGH);
```

语句"analogWrite（IN1，0）；"中的数值越大，电机的转速越低。即语句对

```
analogWrite(IN1,30);                    //电机A反转
digitalWrite(IN2,HIGH);
```

设置的速度大于语句对

```
analogWrite(IN1,127);                   //电机A反转
digitalWrite(IN2,HIGH);
```

设置的速度。

4.3 让机器人动起来

4.3.1 机器人的底盘结构

如图 4.5 所示，常见的机器人底盘结构有轮式和履带式两种。轮式底盘的转弯方式有差速转向 [图 4.5（a）] 和舵机转向 [图 4.5（b）] 两种，履带底盘只能采用差速转向，如图 4.5（c）所示。相对于舵机转向，差速转向控制相对简单且可以与履带式底盘通用。因此，中、小学机器人竞赛中较多使用轮式差速转向底盘或履带式底盘。

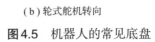

（a）轮式差速转向　　　　（b）轮式舵机转向　　　　（c）履带式底盘

图 4.5　机器人的常见底盘

4.3.2 电机状态与机器人运动方向关系

图 4.6 所示为轮式差速机器人电机状态与机器人运动方向关系。如图 4.6（a）所示，当机器人两侧的电机以相同速度向前转动时，机器人前进；

如图4.6（b）所示，当机器人两侧的电机以相同速度向后转动时，机器人后退；如图4.6（c）所示，当机器人左侧电机速度大于机器人右侧电机速度时，机器人向右转；如图4.6（d）所示，当机器人左侧电机速度小于机器人右侧电机速度时，机器人向左转；如图4.6（e）所示，当机器人左侧电机正转，右侧电机反转且二者速度相同时，机器人原地右转；如图4.6（f）所示，当机器人右侧电机正转，左侧电机反转且二者速度相同时，机器人原地左转。

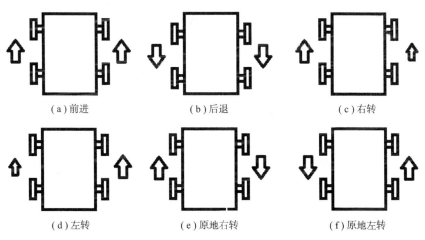

图4.6 轮式机器人控制简图

4.4 让机器人走正方形

本小节使用Iduino型Arduino控制板，配以金属减速电机并编写程序，使机器人走正方形。

4.4.1 Iduino型Arduino控制板的电机驱动模块及电机控制引脚

如图4.7（a）所示，在Iduino控制板上有2块TB6612FNG电机驱动芯片，每块TB6612FNG电机驱动芯片可以驱动2个额定电压不超过15V、工作电流不超过1.2A的直流电机工作，所以，Iduino控制板最多可以控制4个直流电机工作。图4.7（b）所示为Iduino控制板上的4个电机接口，表4.1所示为Iduino控制板上电机控制引脚。TB6612FNG的控制方式与L298N的控制方式相同，读者可以参考程序4_1。

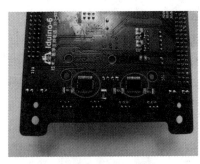

（a）板载TB6612FNG模块　　　　　　　（b）4个电机接口

图4.7　Iduino控制板上的电机驱动芯片和电机接口

表 4.1　Iduino 控制板上电机控制引脚

电机接口	控制I/O	作　用	电机接口	控制I/O	作　用
M1	6	速度控制（0～255）	M2	7	速度控制（0～255）
	22	方向控制		24	方向控制
	23	方向控制		25	方向控制
M3	8	速度控制（0～255）	M4	9	速度控制（0～255）
	35	方向控制		37	方向控制
	36	方向控制		38	方向控制

4.4.2　电机连接

图4.8所示为Iduino型教育机器人底盘连接图。Iduino型教育机器人采用4个电机驱动，每侧的两个电机通过级联线连接，只需要两个电机接口就可以控制4个直流电机。

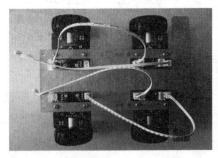

图4.8　底盘连接图

4.4.3 机器人走正方形

在本小节中我们将编写程序控制机器人完成一个走正方形的程序。表4.2是机器人左、右电机的控制引脚分配。

表 4.2 机器人走正方形电机控制引脚分配

电机接口	控制I/O	作 用	电机接口	控制I/O	作 用
左电机	6	速度控制（0~255）	右电机	7	速度控制（0~255）
	22	方向控制		24	方向控制
	23	方向控制		25	方向控制

1. 程序设计思路

如图4.9所示，机器人要完成一个正方形路径需要直行、右转90° 4次，所以我们可以利用子程序和循环结构来简化程序。

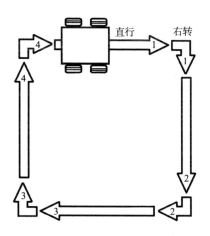

图4.9 机器人走正方形

2. 程序4_3:机器人走正方形

```
//程序效果：按下5号键，机器人完成一个正方形

//程序特点：使用函数定义了机器人的行走方式，简化了程序

void forward(int myspeed)          //前进子程序，myspeed为速度值，取
                                     值范围0~255

{

  analogWrite(6,myspeed);
```

```
    digitalWrite(22,HIGH);
    digitalWrite(23,LOW);
    analogWrite(7,myspeed);
    digitalWrite(24,HIGH);
    digitalWrite(25,LOW);
}
void carstop()                      //停止子程序
{
    analogWrite(6,0);
    analogWrite(7,0);
}
void right90(int myspeed)           //右转子程序，myspeed为速度值，取
                                       值范围0~255
{
    analogWrite(6,myspeed);
    digitalWrite(22,HIGH);
    digitalWrite(23,LOW);
    analogWrite(7,myspeed);
    digitalWrite(24,LOW);
    digitalWrite(25,HIGH);
}
int k1 = 5;                         //启动键接在数字键5号上
void setup() {
    //put your setup code here, to run once:
    pinMode(6,OUTPUT);              //左轮速度控制引脚在模拟输出引脚6
    pinMode(22,OUTPUT);             //左轮方向控制引脚1在数字输出引脚22
    pinMode(23,OUTPUT);             //左轮方向控制引脚2在数字输出引脚23
    pinMode(7,OUTPUT);              //右轮速度控制引脚在模拟输出引脚7
    pinMode(24,OUTPUT);             //右轮方向控制引脚1在数字输出引脚24
    pinMode(25,OUTPUT);             //右轮方向控制引脚2在数字输出引脚25
    pinMode(k1,INPUT);              //启动键为数字输入引脚5
}
```

```
void loop() {
  //put your main code here, to run repeatedly:
  int i;                        //循环变量i
  if(digitalRead(k1) == LOW)    //如果按下启动按键
  {
    for(i = 1 ;i<=4;i++)        //前进、右转过程执行4次
    {
      forward(100);             //机器人以速度100前进
      delay(800);               //前进时间为800毫秒
      carstop();                //停车
      right90(100);             //机器人以速度100，原地右转
      delay(1000);              //原地右转90°
      carstop();                //停车
    }
  }
}
```

3 程序解读

程序4_3是一个使用子程序和循环来简化程序设计的典型例子，在程序开头先定义前进子程序：

```
void forward(int myspeed)      //前进子程序，myspeed为速度值，取
                                 值范围0~255
{
  analogWrite(6,myspeed);
  digitalWrite(22,HIGH);
  digitalWrite(23,LOW);
  analogWrite(7,myspeed);
  digitalWrite(24,HIGH);
  digitalWrite(25,LOW);
}
```

其中，forward是子程序的名称，void代表该子程序没有返回值，而程序名后面括号中的int myspeed是该子程序的参数，这个参数是用来设定机器人前进速度的，取值范围为0～255的整数。由于机器人由左、右两侧级联的两组电机驱动，为了让机器人前进，左、右两侧的电机转速应该相同且转动方向也相同，所以通过使用语句：

```
analogWrite(6,myspeed);
```

和

```
analogWrite(7,myspeed);
```

将左、右两侧的电机设置为等速。

同时，使用语句：

```
digitalWrite(22,HIGH);
digitalWrite(23,LOW);
```

和

```
digitalWrite(24,HIGH);
digitalWrite(25,LOW);
```

将左、右电机的方向设置为相同。

子程序void right90（int myspeed）是控制机器人原地右转的子程序，机器人原地右转的子程序和机器人前进的子程序很类似，唯一的区别是原地右转的子程序中左侧电机正转，右侧电机反转：

```
digitalWrite(22,HIGH);
digitalWrite(23,LOW);
digitalWrite(24,HIGH);
digitalWrite(25,LOW);
```

子程序void carstop（ ）用来控制机器人停车，在该子程序中使用语句：

```
analogWrite(6,0);
analogWrite(7,0);
```

将左、右两侧的电机速度设为0，机器人就停止运动了。

解释完子程序，我们再来看主程序：

```
if (digitalRead(k1) == LOW)      //如果按下启动按键
{
  for(i = 1 ;i<=4;i++)           //前进、右转过程执行4次
  {
    forward(100);                //机器人以速度100前进
    delay(800);                  //前进时间为800毫秒
    carstop();                   //停车
    right90(100);                //机器人以速度100，原地右转
    delay(1000);                 //原地右转90°
    carstop();                   //停车
  }
}
```

主程序由if语句

```
if (digitalRead(k1) == LOW)      //如果按下启动按键
{
}
```

来判断启动键是否被按下，由于在轻触按键上接有10kΩ的上拉电阻，所以当启动键没有被按下时，数字引脚5上是高电平，如果按键被按下，则数字引脚5上的电平变为低电平。当启动键被按下后，下述循环

```
for(i = 1 ;i<=4;i++)             //前进、右转过程执行4次
{
  forward(100);                  //机器人以速度100前进
  delay(500);                    //前进时间为400毫秒
  carstop();                     //停车
  right90(100);                  //机器人以速度100，原地右转
  delay(200);                    //保持200毫秒
  carstop();                     //停车
}
```

会执行4次，每次执行机器人会以100的速度前进800毫秒，然后以100的速度原地右转200毫秒，从而实现正方形轨迹。其中正方形的边长由前进速度和前进时间共同决定，速度越大、持续时间越长，则正方形的边长越大；原地右转的角度由右转速度和右转时间共同决定，读者需要调整两者的数值使机器人能够原地右转90°。而且这些值会由于电池电压和机器人行驶路面的摩擦程度而变化，需要根据实际情况进行调节。

4.5 带有编码器的电机

4.5.1 硬件积累——带有编码器的电机

在4.4节的最后一个程序中我们向大家介绍了让机器人走正方形的程序。正方形的边长和转角由行驶速度和延时共同来调整。不过这种方法受到电池电压、机器人行驶路面的摩擦力等诸多因素影响，不是很精确，那么有没有可以精确控制机器人行驶距离和旋转角度的方法呢？答案是肯定的，我们需要借助带有编码器的电机来实现这个任务。

在介绍带有编码器的电机之前，我们先介绍一下什么是编码器。编码器是把角位移或直线位移转换成电信号的一种装置。光电编码器是集光、机、电技术于一体的数字化传感器，可以高精度测量被测物的转角或直线位移量。图4.10（a）所示为装在智能车上的编码器（圆圈内）。图4.10（b）所示为编码器的内部结构，编码器一般由光源、旋转盘、受光元件和波形整形电路构成，当编码器内部的旋转盘在车轮的带动下旋转时，旋转盘也会跟着旋转，光源射出的光不断被旋转盘阻挡，使得受光元件只能接收到断续的光信号，这些信号经过波形整形电路后形成一串方波信号传递给机器人的控

（a）装在智能车上的编码器

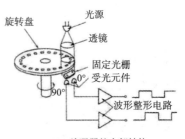

（b）编码器的内部结构

图4.10 在机器人上使用的编码器

制器，通过记录方波的个数就能知道车轮旋转过的角度，结合车轮的直径就可以知道机器人行驶的距离，如果同时记录了车轮旋转的时间，则可以计算出机器人行驶的速度和加速度。

　　如图4.11所示，将编码器直接与减速电机相结合，就构成了带有编码器的电机。常见的带有编码器的电机采用霍尔编码器（图4.11（a））和光电编码器（图4.11（b））两种，光电编码器电机要同时使用码盘或者带有码盘的车轮（图4.11（c））。两种编码器的编程方式是相同的。

（a）霍尔编码器电机　　　（b）反射式光电编码器电机　　　（c）带有码盘的车轮

图4.11　编码器电机

4.5.2　Arduino中的中断

　　中断是单片机中一个非常重要的概念，是指当出现需要时，CPU暂时停止当前程序的执行转而执行处理新情况的程序和执行过程，即在程序运行过程中，系统出现了一个必须由CPU立即处理的情况，此时，CPU暂时中止当前程序的执行转而处理这个新的情况的过程就叫做中断。

　　如表4.3所示，不同的Arduino控制板有不同的中断引脚。Iduino控制板是兼容Arduino Mega2560的控制板，所以共有6个中断源可以使用。使用中断的场景很多，特别是在一些程序会占用很长CPU时间时，不采用中断需要等待CPU处理特定的语句才能实现某种功能，而采用中断的方法后只要中断源给出中断信号，程序就会立即转向执行中断程序，处理后才会回到以前的程序。

表4.3　不同 Arduino 控制板的中断引脚

控制板 ＼ 中断	Int.0	Int.1	Int.2	Int.3	Int.4	Int.5
UNO、Ethernet	2	3				

续表4.3

控制板 ＼ 中断	Int.0	Int.1	Int.2	Int.3	Int.4	Int.5
Mega2560	2	3	21	20	19	18
Leonardo	3	2	0	1	7	

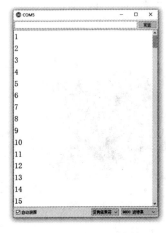

图 4.12　编码器计数

比如你想确保你的程序能抓住编码器的脉冲，又不会错过任何一个脉冲，不使用中断的话就需要不断查询编码器，这样程序中处理其他事情的函数占用时间会很受限制，会增加程序编写的难度。在这些情况下，使用一个中断可以释放的微控制器来完成其他一些工作。

4.5.3　利用编码器计数

1.程序 4_4：使用中断的方法利用串口返回车轮码盘的计数值（图 4.12）

```
long count;                          //码盘的计数值
int k =  5;                          //电机启动按键
int k1 = 2;                          //电机停止按键
int k2 =33;                          //计数值清零
void setup() {
// put your setup code here, to run once:
  pinMode(7,OUTPUT);
  pinMode(24,OUTPUT);
  pinMode(25,OUTPUT);
  pinMode(k,INPUT);
  pinMode(k1,INPUT);
  pinMode(k2,INPUT);
  attachInterrupt(5,mycount,FALLING);   //中断处理函数
  Serial.begin(9600);                    //串口初始化
}
```

```
void loop() {
  if (digitalRead(k) == LOW)
  {                                      //电机启动
    analogWrite(7,80);
    digitalWrite(24,HIGH);
    digitalWrite(25,LOW);
  }
  if (digitalRead(k1) == LOW)
  {                                      //电机停止
    analogWrite(7,0);
    digitalWrite(24,LOW);
    digitalWrite(25,LOW);
  }
  if (digitalRead(k2) == LOW)
  {                                      //计数值清零
    count = 0;
  }
}
void mycount()                           //中断服务程序
{
  count++;                               //编码器码盘计数加一
  Serial.println(count);                 //输出码盘数值
}
```

2．程序解读

在整个程序中最重要的语句是

```
attachInterrupt(5,mycount,FALLING);      //绑定中断引脚
```

绑定中断引脚及处理函数的定义为：

```
attachInterrupt(interrupt, function, mode)
```

其中：

·interrupt：中断引脚数。

·function：中断发生时调用的函数，此函数不能带有参数且不能返回任何值，该函数也被称为中断服务程序。

·mode：定义何时发生中断。

如我们例程中：

```
attachInterrupt(5,mycount , FALLING);
```

5：中断号5（数字引脚18）。

mycount：中断处理函数。

FALLING：中断触发方式，即引脚电平由高电平转为低电平触发。

中断有以下4种触发方式：

（1）LOW：当引脚为低电平时，触发中断。

（2）CHANGE：当引脚电平发生改变时，触发中断。

（3）RISING：当引脚由低电平变为高电平时，触发中断。

（4）FALLING：当引脚由高电平变为低电平时，触发中断。

4.6 舵 机

4.6.1 硬件积累——舵机

舵机是一种位置（角度）伺服的驱动器，适用于那些需要角度不断变化并可以保持的控制系统。目前，在高档遥控玩具，如飞机、潜艇模型，机器人中已经得到了普遍应用。

如图4.13所示，常用的标准舵机主要由以下几个部分组成：舵盘、减速齿轮组、位置反馈电位器、直流电机、控制电路等。其中位置反馈电位器（或其他角度传感器）检测输出轴的转动角度，控制板根据电位器的信息能比较精确地控制

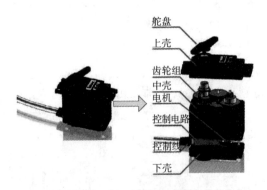

图4.13 舵机及结构

和保持输出轴的角度，这样的直流电机控制方式叫闭环控制，所以舵机更准确的名称是伺服电机。

控制电路板接收来自信号线的控制信号，控制电机转动，电机带动一系列齿轮组，减速后传动至输出舵盘。舵机的输出轴和位置反馈电位器是相连的，舵机转动的同时，带动位置反馈电位器，电位器将输出一个电压信号传到控制电路板，进行反馈，然后控制电路板根据电位器所在位置决定电机转动的方向和速度，从而达到目标停止。舵机的工作流程为：控制信号→控制电路板→电机转动→齿轮组减速→舵盘转动→位置反馈电位器→控制电路板反馈。

如图4.14所示，舵机的输入线共有三条，中间红色线是电源线（也有品牌是白色），黑色的是地线（也有品牌是棕色），这两根线给舵机提供最基本的能源保证，主要是电机的转动消耗。舵机电源有两种规格，一种是4.8V，一种是6.0V，分别对应不同的转矩标准，即输出力矩不同，6.0V对应的要大一些，具体看应用条件。第三条线是控制信号线，Futaba的一般为白色，JR的一般为桔黄色。另外要注意一点，SANWA的某些型号的舵机引线电源线在边上而不是中间，需要辨认。但记住红色为电源，黑色为地线，一般不会搞错，如果不确定，应查看舵机说明书予以确认。

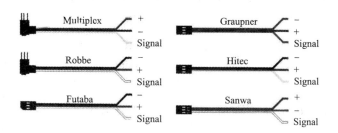

图4.14　舵机控制线

如图4.15所示，标准舵机的控制一般需要一个20ms左右的时基脉冲，该脉冲的高电平部分一般为0.5～2.5ms范围内的角度控制脉冲部分。以180°舵机为例，那么对应的控制关系是这样的：

高电平0.5ms，低电平19.5ms→−90°（0°）；

高电平1ms，低电平19ms→−−45°（45°）；

高电平1.5ms，低电平18.5ms→0°（90°）；

高电平2ms，低电平18ms→−45°（135°）；

高电平2.5ms，低电平17.5ms→90°（180°）；

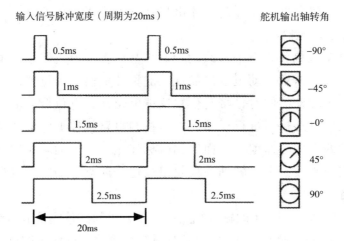

图4.15　舵机控制信号

4.6.2　用Arduino控制舵机

由于Arduino IDE中有编写好的舵机控制库Servo.h，所以使用Arduino控制舵机是十分方便的。下面先介绍Arduino中与舵机控制有关的函数。

（1）调用Arduino舵机库语句：#include <Servo.h>。

（2）定义舵机对象语句：Servo myservo，定义舵机变量名，myservo是舵机变量名。

（3）设定舵机的接口：舵机变量名 .attach（接口）。

（4）设定舵机旋转角度的语句，可设定的角度范围是0°～180°：舵机变量名 .write（角度）。

（5）读取舵机角度的语句，可理解为读取最后一条write（）命令中的值：舵机变量名 .read（读取）。

（6）判断舵机参数是否已发送到舵机所在的接口：舵机变量名 .attached（）。

（7）舵机与其接口分离：舵机变量名 .detach（）。

4.6.3　程序4_5：用Arduino控制舵机

1．程序4_5用按键控制舵机角度

如图4.16所示，在Iduino控制的10号引脚上接有一个MG995标准舵机，编写程序实现如下功能：

（1）程序开始时，舵机置于0°位置。

（2）按下轻触按键5一次，舵机角度增加10°，直到180°
（3）按下轻触按键2一次，舵机角度减少10°，直到0°

图4.16 按键控制舵机转动

2. 程序4_5

```
#include <Servo.h>
 Servo myservo;                    //定义舵机变量名
 int kadd = 5;                     //舵机角度增加控制按键
 int ksubb = 2;                    //舵机角度减小控制按键
 int s;                            //舵机转角
 void setup()
 {
    myservo.attach(10);           //定义舵机接口为10
    s = 0;                        //舵机初始转角为0°
    myservo.write(s);            //舵机转到0°
 }
 void loop()
 {
    if (digitalRead(kadd) == LOW)
    {
      s = s + 10;                //舵角增加10°
      if (s <= 180)              //如果舵角不超过180°则转动
      {
        myservo.write(s);       //设置舵机旋转的角度
        delay(100);
      }
```

```
  }
  if (digitalRead(ksubb) == LOW)
  {
    s = s - 10;                          //舵角减小10°
    if (s >= 0)                          //如果舵角不小于0°则转动
    {
      myservo.write(s);                  //设置舵机旋转的角度
      delay(100);
    }
  }
}
```

3. 程序解读

程序开始利用语句"#include <Servo.h>"在 Arduino IDE 中使用舵机库"Servo.h"。

使用语句"Servo myservo;"定义一个 myservo 舵机变量，并将其通过语句"myservo.attach（10）;"与10号引脚相连，然后使用语句

```
s = 0;                                   //舵机初始转角为0°
myservo.write(s);                        //舵机转到0°
```

将舵机的舵角设置为0°。

在 loop 循环中使用

```
if (digitalRead(kadd) == LOW)
{
  s = s + 10;                            //舵角增加10°
  if (s <= 180)                          //如果舵角不超过180°则转动
  {
    myservo.write(s);                    //设置舵机旋转的角度
    delay(100);
  }
}
```

检测5号按键是否按下，如果按下，则将舵角变量s增加10°，并判断s是否大于180°，如果s没有大于180°，则通过语句

```
myservo.write(s);                  //设置舵机旋转的角度
```

设置新的舵角。舵角减小的语句如下所示：

```
if (digitalRead(ksubb) == LOW)
{
  s = s - 10;                      //舵角减小10°
  if (s >= 0)                      //如果舵角不小于0°则转动
  {
    myservo.write(s);              //设置舵机旋转的角度
    delay(100);
  }
}
```

读者可以根据舵角增加的语句解释进行理解。

第5章

循迹机器人

本章内容提要

（1）反射式光电传感器原理。
（2）单光电循迹机器人。
（3）双光电循迹机器人。
（4）将循迹程序作为函数使用。
（5）基于比例算法的循迹机器人和PID初步。

5.1　单光电循迹机器人

循迹是指机器人按照一定的路径行进。循迹是机器人竞赛中一项最基本的技术，只有掌握好循迹机器人的传感器选择和编程技巧才能为完成其他任务打下良好的基础。机器人竞赛中需要循迹的路径一般是深色轨迹线（黑色为多），路径宽度为10~25mm，路径与场地的背景色有较大反差。通过使用光电传感器作为循迹传感器，根据场地的复杂程度决定所使用传感器的数量。在本节中我们首先向读者介绍只用一个反射式光电传感器进行循迹的机器人。

5.1.1　硬件积累——光电传感器

光电传感器是采用光电元件作为检测元件的传感器。它首先把被测量的变化转换成光信号的变化，然后借助光电元件进一步将光信号转换成电信号。

大多数光电传感器由发送器、接收器和检测电路三部分构成。发送器对准目标发射光束，发射的光束一般来源于半导体光源，例如发光二极管（LED）、激光二极管或红外发射二极管。光束不间断地发射或者改变脉冲宽度。接收器由光电二极管、光电三极管、光电池组成。在接收器的前面，装有光学元件如透镜和光圈等。在其后面是检测电路，它能滤出有效信号并应用该信号。各种光电传感器及内部电路如图5.1所示。

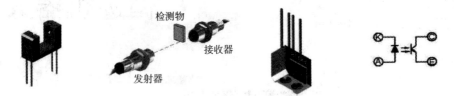

（a）槽型光电传感器　　（b）对射型光电传感器　　（c）反射型光电传感器　（d）光电传感器内部电路

图5.1　各种光电传感器及内部电路

1. 槽型光电传感器

把一个光发射器和一个接收器面对面地装在一个槽的两侧，组成槽形光电传感器。发光器能发出红外光或可见光，在无阻挡的情况下光接收器能收到光。但当被检测物体从槽中通过时，光被遮挡，光电开关便动作，输出一个开关控制信号，切断或接通负载电流，从而完成一次控制动作。槽形开关的检测距离因为受整体结构的限制一般只有几厘米，如图5.1（a）所示。

2. 对射型光电传感器

若把发光器和收光器分离开，就可使检测距离加大，一个发光器和一个收光器组成对射分离式光电开关，简称对射式光电开关。对射式光电开关的检测距离可达几米乃至几十米。使用对射式光电开关时把发光器和收光器分别装在检测物通过路径的两侧，检测物通过时阻挡光路，收光器就动作输出一个开关控制信号，如图5.1（b）所示。

3. 反射型光电传感器

把发光器和收光器装入同一个装置内，利用反射原理完成光电控制作用，称为反射式光电开关。正常情况下，发光器发出的光源被反射回来后被收光器收到；一旦收光器收不到光时，光电开关就动作，输出一个开关控制信号，如图5.1（c）所示。循迹机器人使用的就是反射型光电传感器。

5.1.2　单光电循迹机器人循迹原理

所谓单光电循迹是指只使用一个光电传感器进行循迹。通过完成单光电循迹机器人的软、硬件设计，可以使我们了解机器人循迹的基本原理和调试方法，为进一步学习更为复杂的循迹机器人打下基础。

如图 5.2（a）所示，单光电循迹机器人的光电传感器一般安装在机器人的正前方，光电传感器距离路面的高度不能高也不能低，通常在 5～10mm。如图 5.2（b）所示，严格讲，单光电循迹机器人既不是沿黑线行进，也不是沿白色背景行进，而是沿着黑、白边界线行进。当光电传感器探测到浅色背景时会返回较多的光线，此时让机器人向黑线偏转，当光电传感器探测到黑色时会返回较少的光线，此时让机器人向白色背景偏转。单光电循迹机器人就是这样不断地在白色背景和黑线间交替行进。

（a）装有光电传感器的机器人

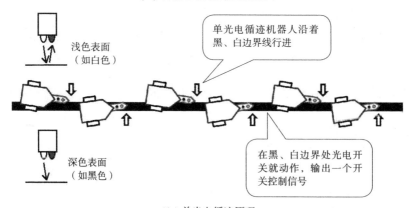

（b）单光电循迹原理

图5.2 单光电循迹原理

5.1.3 单光电循迹程序的编写

1. 临界值的测定

为了实现单光电循迹，必须先测定临界值，下面的程序 5_1 就是测定临界值的程序（光电传感器接在 A15 端口）。

程序 5_1：光电传感器临界值的测定

```
int guang = A15;                        //将光电传感器定义为guang
                                        （光电传感器接在A15端口）
void setup() {
  // put your setup code here, to run once:
  pinMode(guang,INPUT);                 //将光电传感器的模式设置为
                                        输入
  Serial.begin(9600);                   //设置串口的通信速率为9600
}
void loop() {
  // put your main code here, to run repeatedly:
  Serial.print("guang=");               //输出字符串" guang="
  Serial.println(analogRead(guang));    //输出光电传感器的返回值并
                                        换行
  delay(500);                           //延时500毫秒再测量
}
```

程序 5_1 比较简单，就是利用串口监视器显示光电传感器的返回值。先测试浅色背景的返回值，记为 g_1，再测试一下黑线上的返回值，记为 g_2，则临界值 $\lin = \dfrac{g_1+g_2}{2}$。假设浅色背景的返回值 $g_1=300$，黑线上的返回值 $g_2=100$，则 $\lin = \dfrac{300+100}{2} = 200$。

请同学们想一想，光电传感器测定的临界值与线宽是否有关系？是不是线越宽，临界值越大？临界值有范围吗？对的，光电传感器测定的临界值与线宽没有关系。光电传感器测定的临界值主要与环境光线、轨迹线和场地背景的反差以及轨迹线和场地背景的反光特性有关。

2．单光电循迹程序

在得到临界值以后，就可以根据临界值编写单光电循迹程序，下面的程序 5_2 就是单光电循迹程序（光电传感器接在 A15 端口，左侧电机接在 JM1（6，22，23 端口）；右侧电机接在 JM3（8，35，36 端口））。

程序5_2：单光电循迹程序

```
void setup() {
  Serial.begin(9600);                    //设置串口的通信速率为9600
  pinMode(6,OUTPUT);                     //左轮使用6和22，23端口
  pinMode(22,OUTPUT);
  pinMode(23,OUTPUT);
  pinMode(8,OUTPUT);                     //右轮使用8和35，36端口
  pinMode(35,OUTPUT);
  pinMode(36,OUTPUT);
  pinMode(A15,INPUT);                    //光电传感器接在模拟输入
                                         //A15端口
  pinMode(2,INPUT);                      //用接在数字输入引脚2上的
                                         //轻触开关作为启动按键
  while(digitalRead(2) == HIGH)          //当没有按下2号键时，检测
                                         //光电传感器返回值
  {
    Serial.println(analogRead(A15));     //输出光电传感器的返回值
    delay(100);                          //延时100ms
  }
}
void loop() {
  // put your main code here, to run repeatedly:
  if (analogRead(A15) > 200)             //如果光电传感器返回值大于
                                         //200，则向黑线偏转
  {
    analogWrite(6,80);
    digitalWrite(22,HIGH);
    digitalWrite(23,LOW);
    analogWrite(9, 0);
     delay(5);
  }
```

```
    else                              //如果光电传感器返回值小于
                                        等于200，则向白色背景偏转
    {
      analogWrite(6,0);
      analogWrite(9, 80);
      digitalWrite(35,HIGH);
      digitalWrite(36,LOW);
      delay(5);
    }
  }
```

程序解读：

前面已经讲过单光电循迹机器人既不是沿黑线行进，也不是沿白色背景行进，而是沿着黑、白边界线行进。当光电传感器探测到浅色背景时会返回较多的光线，此时让机器人向黑线偏转，当光电传感器探测到黑色时会返回较少的光线，此时让机器人向白色背景偏转。所以单光电循迹程序的程序逻辑为：如果光电传感器的返回值大于临界值，则机器人向黑线偏转；如果光电传感器的返回值小于临界值，则向浅色背景偏转。下面就是单光电循迹程序的核心代码段。

```
  if (analogRead(A15) > 200)          //如果光电传感器返回值大于
                                        200，则向黑线偏转
  {
    analogWrite(6,80);
    digitalWrite(22,HIGH);
    digitalWrite(23,LOW);
    analogWrite(9, 0);
    delay(5);
  }
  else                                //如果光电传感器返回值小于
                                        等于200，则向白色背景偏转
  {
    analogWrite(6,0);
```

```
analogWrite(9, 80);
digitalWrite(35,HIGH);
digitalWrite(36,LOW);
delay(5);
}
```

在单光电循迹程序中一个特别需要注意的问题是设置合适的偏转量。偏转量是由车速和偏转时间的乘积决定的。如果循迹线较窄，则偏转量要小；如果循迹线较宽，则偏转量可以适当加大。偏转量过大可能导致机器人在直线路径上脱轨，如图5.3（a）所示，偏转量过小可能导致机器人行驶到角度大的路线时脱轨，如图5.3（b）所示。所以必须结合竞赛线路的实际情况恰当地设置偏转量。

（a）偏转过大 （b）偏转不足

图5.3 循迹中的偏转过大和偏转不足

5.2 双光电循迹机器人

在5.1节中我们向大家介绍了单光电循迹机器人的硬件配置和编程方法，但是单光电循迹仅仅能完成没有轨迹交叉的简单路径，且由于机器人在循迹过程中持续摆动而不能按照直线行进，循迹效率较低。在本节中我们向大家介绍双光电循迹程序的编写方法。

5.2.1 双光电循迹机器人的编程思路

所谓双光电循迹机器人，就是使用2个反射式光电传感器作为循迹传感器。如图5.4所示，双光电循迹机器人在循迹过程中可能遇到以下4种情况：

（1）左侧光电传感器返回值＞临界值且右侧光电传感器返回值＞临界值，此时机器人在轨迹线中间，应该直行，不需要纠正，如图5.4（a）所示。

（2）左侧光电传感器返回值＜临界值且右侧光电传感器返回值＞临界值，此时机器人偏向轨迹线右侧，应该向左纠偏，如图5.4（b）所示。

（3）左侧光电传感器返回值＞临界值且右侧光电传感器返回值＜临界值，此时机器人偏向轨迹线左侧，应该向右纠偏，如图5.4（c）所示。

（4）左侧光电传感器返回值＜临界值且右侧光电传感器返回值＜临界值，说明机器人走到交叉线或停止线，此时机器人应该停止等待下一步指令，如图5.4（d）所示。

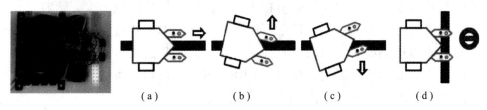

（a）　　　　　　（b）　　　　　　（c）　　　　　　（d）

图5.4　双光电循迹机器人的编程思路

5.2.2　双光电循迹机器人程序设计

1. 光电传感器临界值的确定

与单光电循迹机器人一样，在双光电循迹机器人的程序设计中第一步要完成的工作也是对光电传感器临界值的确定。由于有两个光电传感器，且每个光电传感器的临界值有可能是不同的，那么如何确定一个同时满足两个光电传感器的公用临界值呢？具体做法是分别测得左光电传感器在白色背景和黑线上的返回值及右光电传感器在白色背景和黑线上的返回值，则临界值为（白色背景较小返回值＋黑线较大返回值）/2（具体做法参见表5.1）：

临界值为：$\lin=\dfrac{300+80}{2}=190$

表 5.1　双光电循迹机器人在临界值的确定方法

传感器 返回值	左光电传感器	右光电传感器
白色背景返回值	350	300
黑线返回值	80	50

利用串口显示光电传感器的返回值（左侧光电传感器接在模拟输入口A13，右侧光电传感器接在模拟输入口A14），如程序5_3所示。

程序5_3：利用串口显示光电传感器的返回值

```
int gzuo = A13;                           //左侧光电传感器接于模拟输
                                            入口A13

int gyou = A14;                           //右侧光电传感器接于模拟输
                                            入口A14

void setup() {
  // put your setup code here, to run once:
  Serial.begin(9600);                     //初始化串口
  pinMode(gzuo,INPUT);                    //设置A13为输入模式
  pinMode(gyou,INPUT);                    //设置A14为输入模式
}
void loop() {
  // put your main code here, to run repeatedly:
  Serial.print("gzuo = ");                //输出字符串"gzuo = "
  Serial.print(analogRead(gzuo));         //输出左侧光电传感器的返回值
  Serial.print("   gyou = ");             //输出字符串"gyou = "
  Serial.println(analogRead(gyou));       //输出右侧光电传感器的返回
                                            值，并换行

  delay(200);                             //延时200ms
}
```

2. 双光电循迹机器人的程序设计

程序5_4为双光电循迹机器人的程序，请大家结合程序5_2和本节开头的双光电循迹程序的编程思路以及程序注释阅读，相信大家是可以理解的。

```
//程序5_4：双光电循迹程序
int gzuo = A13;
int gyou = A14;
void setup() {
  // put your setup code here, to run once:
  Serial.begin(9600);                     //初始化串口
```

```
//设备及引脚初始化
pinMode(6,OUTPUT);
pinMode(22,OUTPUT);
pinMode(23,OUTPUT);
pinMode(8,OUTPUT);
pinMode(35,OUTPUT);
pinMode(36,OUTPUT);
pinMode(gzuo,INPUT);
pinMode(gyou,INPUT);
pinMode(2,INPUT);
analogWrite(6,0);
analogWrite(8,0);
while(digitalRead(2) == HIGH)          //在等待启动的时候利用串口
                                         输出光电值。

{
 Serial.print("gzuo = ");              //输出字符串"gzuo = "
 Serial.print(analogRead(gzuo));       //输出左侧光电传感器的返
                                         回值
 Serial.print("   gyou = ");           //输出字符串"gyou = "
 Serial.println(analogRead(gyou));     //输出右侧光电传感器的返回
                                         值，并换行
 delay(200);                           //延时200ms
}
}
void loop() {
 // put your main code here, to run repeatedly:
 //当左光电传感器返回值和右光电传感器返回值均大于临界值时，机器人直行
 if((analogRead(gzuo) > 200) && (analogRead(gyou) > 200))
 {
  analogWrite(6,80);                   //左轮速度为80
  digitalWrite(22,HIGH);               //正转
  digitalWrite(23,LOW);
```

```
    analogWrite(8,80);                    //右轮速度为80
    digitalWrite(35,HIGH);                //正转
    digitalWrite(36,LOW);
   delay(10);
  }
```

//当左光电传感器返回值大于临界值，右光电传感器返回值小于临界值时，机器
人向右纠偏

```
 if ((analogRead(gzuo) > 200) && (analogRead(gyou) < 200))
 {
  analogWrite(6,80);                    //左轮速度为80
  digitalWrite(22,HIGH);                //正转
  digitalWrite(23,LOW);
  analogWrite(8,0);                     //右轮停转
  delay(10);
 }
```

//当左光电传感器返回值小于临界值，右光电传感器返回值大于临界值时，机器
人向左纠偏

```
 if ((analogRead(gzuo) < 200) && (analogRead(gyou) > 200))
 {
    analogWrite(6,0);                   //左轮停转
    analogWrite(8,80);                  //右轮速度为80
    digitalWrite(35,HIGH);             //正转
    digitalWrite(36,LOW);
    delay(10);
  }
```

//当左光电传感器返回值和右光电传感器返回值均小于临界值时，机器人直行

```
 if ((analogRead(gzuo) < 200) && (analogRead(gyou) < 200))
 {
    analogWrite(6,0);
    analogWrite(8,0);
  }
}
```

5.3　将双光电循迹程序作为函数使用

5.3.1　解决复杂路线循迹的基本思路

在 5.2 节中，我们详细讲解了双光电循迹程序的编程思路和实现方法。在本节中我们将讲解完成复杂路径循迹的方法。图 5.5 所示为一个复杂的循迹竞赛路线。该路线中有直径不同的弯道、直角弯、十字路口和不连续路径。如果想顺利完成这个路线，必须先将比赛路径进行合理的分段，针对不同的赛段采用恰当的循迹策略。如图 5.5 所示，我们将赛道分为 9 段，分段依据为是否到交叉路口或直角转角。

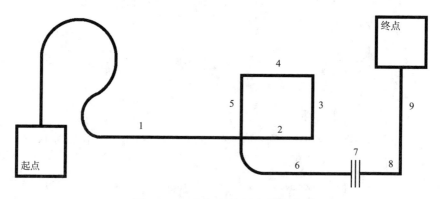

图 5.5　一个复杂的循迹竞赛路线

为了识别是否行驶到了十字交叉路口或直角弯处，我们使用四个光电传感器，如图 5.6 所示。其中位于车前的两个光电传感器用于循迹；车体中部、外侧的两个光电传感器用于识别是否到了交叉路口或者直角弯，只要车体中部、外侧的两个光电传感器中的一个传感器探测到黑线，就可以判断机器人运行到了交叉路口或直角弯，发生这种情况时，机器人先停止运动，等待下一步指令。

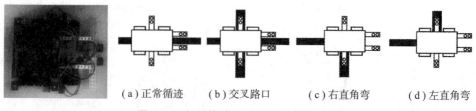

（a）正常循迹　　（b）交叉路口　　（c）右直角弯　　（d）左直角弯

图 5.6　光电传感器的排列与判断逻辑

5.3.2　模块化编程思想与子程序

为了简化程序设计，现代程序设计中通常将可能多次使用的程序段编写成程序模块，以方便反复调用。这种可以反复调用的程序段我们称为子程序。为完成图5.5所示的路线，我们需要7个子程序，这7个子程序的名称和作用如表5.2所示。

表 5.2　复杂循迹中所用到的子程序

序　号	程序名称	作　用
1	void forward(int myspeed,int t)	以速度myspeed直行t毫秒
2	void stopcar()	停止
3	void runleft(int myspeed,int t)	以速度myspeed向左纠偏t毫秒
4	void runright(int myspeed,int t)	以速度myspeed向右纠偏t毫秒
5	void turnleft(int myspeed)	以速度myspeed原地拐左直角弯
6	void turnright(int myspeed)	以速度myspeed原地拐右直角弯
7	void linefollower()	双光电循迹

下面我们分别给出这7个子程序的实现方法，左电机控制端口为6和22，右电机控制端口为9和25，左外光电传感器接在A12模拟输入端口、左内光电传感器接在A13模拟输入端口、右内光电传感器接在A14模拟输入端口、右外光电传感器接在A15模拟输入端口，光电传感器的临界值为200。

```
//子程序1：机器人以myspeed速度直行t毫秒
void forward(int myspeed,int t)
{
  analogWrite(6,myspeed);              //左轮速度为myspeed
  digitalWrite(22,HIGH);               //正转
  digitalWrite(23,LOW);
  analogWrite(8,myspeed);              //右轮速度为myspeed
  digitalWrite(35,HIGH);               //正转
  digitalWrite(36,LOW);
  delay(t);                            //延时t毫秒
}
//子程序2：机器人停止
```

```
void stopcar()
{
   analogWrite(6,0);
   analogWrite(8,0);
}
//子程序3：以速度myspeed向左纠偏t毫秒
void runleft(int myspeed,int t)
{
   analogWrite(6,0);                        //左轮速度为0
   analogWrite(8,myspeed);                  //右轮速度为myspeed
   digitalWrite(35,HIGH);                   //正转
   digitalWrite(36,LOW);
   delay(t);                                //延时t毫秒
}
//子程序4：以速度myspeed向右纠偏t毫秒
void runright(int myspeed,int t)
{
   analogWrite(6,myspeed);                  //左轮速度为myspeed
   digitalWrite(22,HIGH);                   //正转
   digitalWrite(23,LOW);
   analogWrite(8,0);                        //右轮速度为0
   delay(t);                                //延时t毫秒
}
//子程序5：以速度myspeed原地拐左直角弯
//左轮反转，右轮正转，直到右内光电传感器见到黑线停止
void turnleft(int myspeed)
{
   analogWrite(6,myspeed);                  //左轮速度为myspeed
   digitalWrite(22,LOW);                    //反转
   digitalWrite(23,HIGH);
   analogWrite(8,myspeed);                  //右轮速度为myspeed
   digitalWrite(35,HIGH);                   //正转
```

```
  digitalWrite(36,LOW);
  delay(t);                            //延时t毫秒
  delay(100);
  while(analogRead(A14)>200)
  {
    delay(5);
  }
  stopcar();
}
//子程序6：以速度myspeed原地拐右直角弯
//左轮正转，右轮反转，直到左内光电传感器见到黑线停止
void turnright(int speed)
{
  analogWrite(6,myspeed);              //左轮速度为myspeed
  digitalWrite(22,HIGH);               //正转
  digitalWrite(23,LOW);
  analogWrite(8,myspeed);              //右轮速度为myspeed
  digitalWrite(35,LOW);                //反转
  digitalWrite(36,HIGH);
  delay(t);                            //延时t毫秒
  delay(100);
  while(analogRead(A13)>200)
  {
    delay(5);
  }
  stopcar();
}
//子程序7：双光电循迹
void linefollower()
{
  while((analogRead(zw)>200) &&(analogRead(yw)>200))
  {
```

```
    if((analogRead(zn)>200)&& (analogRead(yn)>200) )
    {
      forward(80,10);
    }
    if((analogRead(zn)>200)&& (analogRead(yn)<200) )
    {
      runright(80,10);
    }
    if((analogRead(zn)<200)&& (analogRead(yn)>200) )
    {
      runleft(80,10);
    }
  }
  stopcar();
}
```

5.3.3　主程序

利用 5.3.2 节中介绍的 7 个子程序，我们再完成循迹主程序就游刃有余了，如图 5.7 所示。

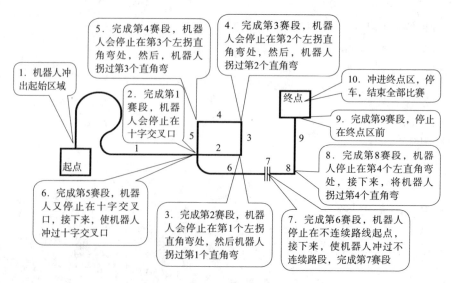

图 5.7　一个复杂的循迹竞赛路线

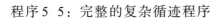

程序 5_5：完整的复杂循迹程序

```
//光电传感器定义
int zw = A12;
int zn = A13;
int yn = A14;
int yw = A15;
//以下是子程序的预定义
void forward(int myspeed,int t);
void stopcar();
void runleft(int myspeed,int t);
void runright(int myspeed,int t);
void turnleft(int myspeed);
void turnright(int myspeed);
void linefollower();
//所有程序在setup()中完成
void setup() {
  //put your setup code here, to run once:
  pinMode(6,OUTPUT);              //左电机速度控制引脚定义
  pinMode(22,OUTPUT);             //左电机方向控制引脚定义
  pinMode(23,OUTPUT);             //左电机方向控制引脚定义
  pinMode(8,OUTPUT);              //右电机速度控制引脚定义
  pinMode(35,OUTPUT);             //右电机方向控制引脚定义
  pinMode(36,OUTPUT);             //右电机方向控制引脚定义
  pinMode(zw,INPUT);              //左外侧光电传感器定义
  pinMode(zn,INPUT);              //左内侧光电传感器定义
  pinMode(yn,INPUT);              //右内侧光电传感器定义
  pinMode(yw,INPUT);              //右外侧光电传感器定义
  pinMode(2,INPUT);               //启动键为接在数字输入引脚2上
                                  的轻触开关
  stopcar();                      //将机器人处于停止状态
  while(digitalRead(2) == HIGH)   //等待启动按键按下
  {
```

```
      delay(100);
   }
   forward(100,500);                  //使机器人冲出起始区域
   linefollower();                    //完成第1赛段，机器人会停止在
                                         十字交叉口

   forward(100,30);                   //使机器人冲过十字交叉口
   linefollower();                    //完成第2赛段，机器人会停止在
                                         第1个左拐直角弯处

   turnleft(80);                      //机器人拐过第1个直角弯
   linefollower();                    //完成第3赛段，机器人会停止在
                                         第2个左拐直角弯处

   turnleft(80);                      //机器人拐过第2个直角弯
   linefollower();                    //完成第4赛段，机器人会停止在
                                         第3个左拐直角弯处

   turnleft(80);                      //机器人拐过第3个直角弯
   linefollower();                    //完成第5赛段，机器人又停止在
                                         十字交叉口

   forward(100,30);                   //使机器人冲过十字交叉口
   linefollower();                    //完成第6赛段，机器人停止在不
                                         连续路线起点

   forward(100,1000);                 //使机器人冲过不连续路段，完
                                         成第7赛段

   linefollower();                    //完成第8赛段，机器人停止在第
                                         4个左直角弯处

   turnleft(80);                      //机器人拐过第4个直角弯
   linefollower();                    //完成第9赛段，停止在终点区前
   forward(100,1000);                 //冲进终点区
   stopcar();                         //停车，结束全部比赛
}
void loop() {
   // put your main code here, to run repeatedly:
}
```

```
//以下为子程序的实现
//子程序1：机器人以速度myspeed直行t毫秒
void forward(int myspeed,int t)
{
  analogWrite(6,myspeed);        //左轮速度为myspeed
  digitalWrite(22,HIGH);         //正转
  digitalWrite(23,LOW);
  analogWrite(8,myspeed);        //右轮速度为myspeed
  digitalWrite(35,HIGH);         //正转
  digitalWrite(36,LOW);
  delay(t);                      //延时t毫秒
}
//子程序2：机器人停止
void stopcar()
{
  analogWrite(6,0);
  analogWrite(8,0);
}
//子程序3：以速度myspeed向左纠偏t毫秒
void runleft(int myspeed,int t)
{
  analogWrite(6,0);              //左轮速度为0
  analogWrite(8,myspeed);        //右轮速度为myspeed
  digitalWrite(35,HIGH);         //正转
  digitalWrite(36,LOW);
  delay(t);                      //延时t毫秒
}
//子程序4：以速度myspeed向右纠偏t毫秒
void runright(int myspeed,int t)
{
  analogWrite(6,myspeed);        //左轮速度为myspeed
  digitalWrite(22,HIGH);         //正转
```

```
    digitalWrite(23,LOW);
    analogWrite(8,0);                    //右轮速度为0
    delay(t);                            //延时t毫秒
}
//子程序5：以速度myspeed原地拐左直角弯
//左轮反转，右轮正转，直到右内光电传感器见到黑线停止
void turnleft(int myspeed)
{
    analogWrite(6,myspeed);              //左轮速度为myspeed
    digitalWrite(22,LOW);                //反转
    digitalWrite(23,HIGH);
    analogWrite(8,myspeed);              //右轮速度为myspeed
    digitalWrite(35,HIGH);               //正转
    digitalWrite(36,LOW);
    delay(t);                            //延时t毫秒
    delay(100);
    while(analogRead(A14)>200)
    {
      delay(5);
    }
    stopcar();
}
//子程序6：以速度myspeed原地拐右直角弯
//左轮正转，右轮反转，直到左内光电传感器见到黑线停止
void turnright(int speed)
{
    analogWrite(6,myspeed);              //左轮速度为myspeed
    digitalWrite(22,HIGH);               //正转
    digitalWrite(23,LOW);
    analogWrite(8,myspeed);              //右轮速度为myspeed
    digitalWrite(35,LOW);                //反转
    digitalWrite(36,HIGH);
```

```
    delay(t);                                    //延时t毫秒
    delay(100);
    while(analogRead(A13)>200)
    {
        delay(5);
    }
    stopcar();
}
//子程序7：双光电循迹
void linefollower()
{
    while((analogRead(zw)>200) &&(analogRead(yw)>200))
    {
        if((analogRead(zn)>200)&& (analogRead(yn)>200)  )
        {
            forward(80,10);
        }
        if((analogRead(zn)>200)&& (analogRead(yn)<200)  )
        {
            runright(80,10);
        }
        if((analogRead(zn)<200)&& (analogRead(yn)>200)  )
        {
            runleft(80,10);
        }
    }
    stopcar();
}
```

5.4　比例循线和PID初步

5.4.1　比例循线程序的编写

当我们用"单光电循迹法"编写循线程序的时候，我们将机器人对应黑线的位置分成了黑色和白色两种。

黑与白之间的界限，我们称之为"临界值"。在一般的应用环境中，临界值的计算方法是：黑色线反射光值与白色背景反射光值的平均值，这种算法也经常被简称为"白加黑除二"。

假设在我们的机器人上，白色反射光值约为200，黑色反射光值约为40，经过计算临界值是120，那么大于临界值的我们一律算作"白色"，小于临界值的，我们一律算作"黑色"。这是一个"非黑即白"的机器人，没有第三种答案。

有些同学立即发现一个问题：如果反射光值恰好是临界值，那么是黑色还是白色？然而在单光电循线中，我们并不需要纠结临界值，我们可以把它算作黑或者白均可。我们也把在5.1中介绍过的单光电循迹算法称为"二分法"单光电循线，该算法可以用图5.8表示。

5.2节已经介绍过，此时机器人只会根据反射光临界值作为判断依据，进行向右修正和向左修正，而不会有直行的动作。表现在行进路线上，就是一条折线。如何让机器人变得更聪明？让我们一起看看图5.9，是不是有什么启发？

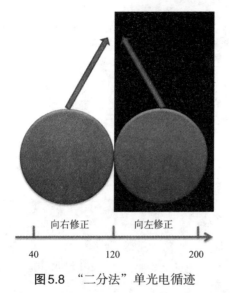
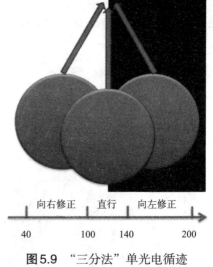

图5.8　"二分法"单光电循迹　　　图5.9　"三分法"单光电循迹

在这种"三分法"的循线中，我们将接近临界值的一个区间单独做处理：当反射光值处于这个区间的时候，说明机器人偏离并不严重，可以让它直行。这样我们就把机器人的位置从2种状态，细分成了3种状态，机器人多了一个直行的可能，循线行进的轨迹就会平顺一些。但是编写程序的工作量也会增加一些。

类似的，我们继续将反射光值进行细分：将反射光值分成5个区间，对应不同的反射光值，机器人知道自己偏离了多少，分别做出向右修正、微向右、直行、微向左和向左修正5种动作（参见

图5.10 "5区间"单光电循迹图示

图5.10）。机器人的行进轨迹更加平顺，但是编写程序的工作量会进一步增加。

按照这样的方法，我们可以将机器人的反射光值分成更多区间，例如9个区间、13个区间等，随着细分的份数更多，行进轨迹更加平顺，编写程序的工作量也变得越庞大。

我们需要找到一个简便的程序编写方法，找到光值和机器人循线修正强度之间的关系，让机器人根据反射光强度"自动"计算修正的强度进行循线。

此时，我们需要使用比例循线。

假定我们的机器人直行时候的左右两个轮子的速度都是50，临界值是120。

如果我们把左轮子的速度减少10，右轮子的速度增加10，此时两个轮子的速度分别是40和60，机器人会非常平缓地向左偏转修正。

如果我们把左轮子的速度减少20，右轮子的速度增加20，此时两个轮子的速度分别是30和70，机器人会中等幅度地向左偏转修正。

如果我们把左轮子速度减少40，右轮子速度增加40，此时两个轮子的速度分别是10和90，机器人会非常强烈地向左偏转修正。

这些数值是如何计算来的呢？我们需要再看一看它和光值对应的关系（表5.3所示）。

表 5.3　速度值与光电传感器返回值的对应关系

反射光值	与阈值的偏差（光值—阈值）	基础功率	期待左轮速度（基础功率—转向参数）	期待右轮速度（基础功率＋转向参数）	机器人表现	转向参数	转向参数与光值差的关系
120	120—120=0	50	50—0=50	50+0=50	直行	0	光值差×0.5（0.5即为比例参数 P ）
140	140—120=20	50	50—10=40	50+10=60	微向左	10	
160	160—120=40	50	50—20=30	50+20=70	向左	20	
200	200—120=80	50	50—40=10	50+40=90	强烈向左	40	
80	80—120=-40	50	50—（—20）=70	50+（—20）=30	向右	—20	

为了能很好地理解比例循线，我们做一个"伪代码"的范例：

左轮速度＝基础功率—（反射光值—阈值）×比例参数

右轮速度＝基础功率＋（反射光值—阈值）×比例参数

有了这样一个算法之后，我们可以尝试写一段代码，来让我们的机器人循线。

首先我们假定了一个数据环境，这个环境也是大家在编写程序之前，必须要通过测试得到的数据。

光电传感器接口：A13　白：200　黑：40　阈值：120

左电机：6 控制速度，22、23 控制方向

右电机：8 控制速度，35、36 控制方向

程序 5_6：比例循迹程序

```
float P;                          //比例参数
int POWER;                        //基础功率100
int OFFSET;                       //临界值
int MY_ERROR;                     //光值差
float TURN;                       //转向参数
float POWER_LEFT;                 //左轮速度
float POWER_RIGHT;                //右轮速度
void setup()
{
  P = 0.3;                        //比例参数
  POWER = 100;                    //直行功率
```

```
    OFFSET = 80;                              //临界值（200-40）/2=80
    pinMode(A13, INPUT);                      //光电传感器
    pinMode(5,INPUT);
    pinMode(6, OUTPUT);                       //左电机控制引脚
    pinMode(22, OUTPUT);
    pinMode(23, OUTPUT);
    pinMode(8, OUTPUT);                       //右电机控制引脚
    pinMode(35, OUTPUT);
    pinMode(36, OUTPUT);
    while(digitalRead(5) == HIGH)             //等待启动键按下
    {
      delay(200);
    }
}
void loop()
{
  MY_ERROR = analogRead(A13) - OFFSET ;
                                            //得到光值差
  TURN = MY_ERROR * P;                      //得到转向参数
  POWER_LEFT = POWER + TURN;                //得到左轮速度值
  POWER_RIGHT = POWER - TURN;               //得到右轮速度值
  analogWrite(6, POWER_LEFT);
  digitalWrite(22, HIGH);
  digitalWrite(23, LOW);
  analogWrite(8, POWER_RIGHT);
  digitalWrite(35, HIGH);
  digitalWrite(36, LOW);
  delay(5);
}
```

将这段程序上传到机器人进行测试，在测试过程中，我们可能会发现机器人出现剧烈摇摆的情况，这时，可以推断机器人的修正强度过大，我们可以将程序中的比例参数 P 适当降低；反之，如果机器人出现脱离轨迹

线的情况，我们可以将程序中比例参数P适当增大。通过反复测试，寻找到适当的比例参数P，也就完成了基础的比例循线编写。

5.4.2　PID初步

通过前面一课的学习，大家基本掌握了比例循线的编写方法，也熟知了比例循线的核心算法。但一个精准的循线，仅仅有比例循线是不够的，我们还需要了解一个更加完整的循线方式：PID控制循线。本小节内容较难，读者可以根据自己情况进行学习。

PID控制法不是仅仅针对循线的算法，而是广泛应用于各种精确控制领域的算法，但我们仅对循线环境下的应用做讨论。

P代表比例部分，它的算法和用法，我们已经在5.4.1中进行了详细地介绍。

我们把5.4.1中计算转向参数的部分复习一下：

```
MY_ERROR = analogRead(13) - OFFSET;      //得到光值差
 TURN = MY_ERROR * P;                    //得到转向参数
```

可以认为，我们使用比例参数P把光值差MY_ERROR进行了一次加工，得到了转向参数TURN。

I代表积分部分，我们可以理解为它记录了机器人过去行进的路线，记忆了行进过的路线上的光值差。

我们先来看一段加入了积分部分的循迹代码：

```
I_ERROR = MY_ERROR + I_ERROR;            //变量I_ERROR记录过
                                            去所有的光值差的和

MY_ERROR = analogRead(13) - OFFSET;
TURN = MY_ERROR * P;
TURN = TURN + I_ERROR * I;
```

可以发现，除了用比例参数P对光值差进行了加工之外，还用积分系数I对光值差的和I_ERROR进行了加工，并把加工的结果累加到转向参数TURN中。

由于I_ERROR是每个采样周期的光值差的和，所以当机器人偏离路线越久，I_ERROR就会累加到非常大，转向参数也会变得非常大，机器人就会强烈地向回偏转修正。

D代表微分部分，我们可以理解为它猜测机器人下一步的路线，并针对猜测的路线对机器人的循线进行调整。

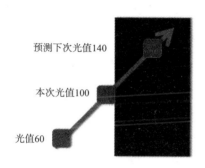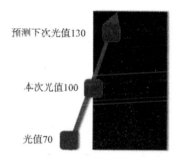

图5.11 光值预测的算法图示

包含有微分部分的循线程序核心算法部分如下：

```
MY_ERROR = analogRead(13) - OFFSET;
I_ERROR = MY_ERROR + I_ERROR;
TURN = MY_ERROR * P+ I_ERROR * I + (MY_ERROR-PRE_ERROR)*D;
PRE_ERROR=MY_ERROR;
```

除了前面讲过的用P和I对光值差进行加工之外，我们还对比了当前一个周期的光值差和上一个周期的光值差的差值，并乘以一个微分系数，把结果也累加到转向参数TURN中。至此，我们完成了完整的PID循迹程序。它的参考范例如下：

程序5_7：PID循迹程序

```
float P;
float I;
float D;
int POWER;
int OFFSET;
```

```
int MY_ERROR;
int I_ERROR;
int PRE_ERROR;
float TURN;
float POWER_LEFT;
float POWER_RIGHT;
void setup()
{
  P = 0.5;
  I = 0.01;
  D=10;
  POWER = 125;
  OFFSET = 120;
  TURN = 0;
  POWER_LEFT = 0;
  POWER_RIGHT = 0;
  pinMode(13, INPUT);
  pinMode(6, OUTPUT);
  pinMode(22, OUTPUT);
  pinMode(23, OUTPUT);
  pinMode(8, OUTPUT);
  pinMode(35, OUTPUT);
  pinMode(36, OUTPUT);
}
void loop()
{
  MY_ERROR = analogRead(13) - OFFSET;
  I_ERROR = MY_ERROR + I_ERROR;
  TURN = MY_ERROR * P+ I_ERROR * I + (MY_ERROR-PRE_ERROR)*D;
  POWER_LEFT = POWER + TURN;
  POWER_RIGHT = POWER - TURN;
  PRE_ERROR=MY_ERROR;
```

```
    analogWrite(6, POWER_LEFT);
    digitalWrite(22, HIGH);
    digitalWrite(23,LOW);
    analogWrite(8, POWER_RIGHT);
    digitalWrite(35, HIGH);
    digitalWrite(36,LOW);
    delay(5);
}
```

第6章

避障机器人

| 本章内容提要 |

（1）超声波传感器原理。
（2）利用带有 IIC 接口的 1602 型显示屏显示传感器的返回值。
（3）超声波避障机器人。
（4）红外测距传感器的工作原理。
（5）迷宫机器人。

6.1 超声波传感器

6.1.1 硬件积累——超声波传感器

在讲解超声波传感器之前，我们先讲解下什么是超声波。在初中物理课上同学们都学过人们能听到声音是由于物体振动产生的，它的频率在 20Hz ~ 20kHz 范围内（赫兹是振动单位，1 秒振动 1 次称为 1 赫兹，记为 Hz），超过 20kHz 称为超声波，低于 20Hz 的称为次声波。常用的超声波频率为几十千赫兹至几十兆赫兹。

搞清楚了什么是超声波，我们再来介绍超声波传感器。超声波传感器是将超声波信号转换成其他能量信号（通常是电信号）的传感器。超声波是振动频率高于 20kHz 的机械波，它具有频率高、波长短、绕射现象小，特别是方向性好、能够成为射线而定向传播等特点。超声波对液体、固体的穿透本领很大，尤其是在不透明的固体中。超声波碰到杂质或分界面会产生显著反射形成回波，碰到活动物体能产生多普勒效应。超声波传感器广泛应用在工业、国防、生物医学等领域。

如图 6.1 所示，常用的超声波传感器由压电晶片组成，既可以发射超声波，也可以接收超声波。机器人上常用的超声波传感器采用双探头结构，一个探头发射、一个探头接收。

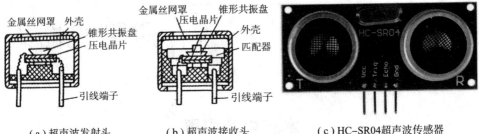

(a) 超声波发射头 　　　(b) 超声波接收头 　　　(c) HC-SR04超声波传感器

图6.1　超声波传感器结构图和实物图

6.1.2　HC-SR04超声波传感器的使用方法

1. HC-SR04超声波传感器的主要技术参数：

图6.1（c）所示为在机器人中最常用的超声波传感器HC-SR04，其主要技术参数如下：

（1）使用电压：DC5V。

（2）静态电流：小于2mA。

（3）电平输出：高5V。

（4）电平输出：低0V。

（5）感应角度：不大于15°。

（6）探测距离：2～450cm，最小探测距离可达0.2cm。

（7）接线方式：采用4线连接方式，Vcc、Trig（控制端）、Echo（接收端）、Gnd。

2. HC-SR04超声波传感器的使用方法

超声波传感器HC-SR04通过4根线与Arduino连接（参见表6.1），它的工作流程如图6.2所示，分为3个步骤：

（1）采用Trig引脚触发测距，至少给Trig引脚一个10μs以上的高电平信号。

（2）超声波模块自动发送8个40kHz的方波。

（3）等待信号返回，通过Echo引脚输出一高电平，高电平持续的时间就是超声波从发射到返回的时间。测试距离=（高电平时间*声速（340m/s））/2。

表6.1　HC-SR04 与 Arduino 连接方式

序　号	HC-SR04超声波传感器	Arduino控制板
1	Vcc	5V
2	Triger	3
3	Echo	4
4	Gnd	GND

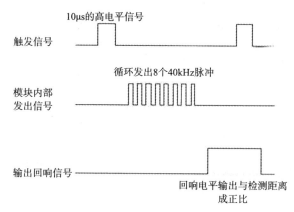

图6.2　HC-SR04超声波传感器时序图

3. HC-SR04超声波传感器的编程方法

程序6_1：利用超声波传感器和串口监视器实现测距功能

```
int TrigPin = 3;                    //超声波的触发接口在数字端
                                      口3

int EchoPin = 4;                    //超声波的回波接口在数字端
                                      口4

float distance;                     //以cm为单位的距离值
void setup()
{
  Serial.begin(9600);               //初始串口波特率为9600
  pinMode(TrigPin, OUTPUT);         //将超声波的触发引脚设置为
                                      输出模式

  pinMode(EchoPin, INPUT);          //将超声波的回波引脚设置为
                                      输入模式

}
```

```
void loop(){
    digitalWrite(TrigPin, LOW);           //将超声波传感器的触发引脚
                                            的电平拉低，做触发准备

    delayMicroseconds(2);                 //延时2μs
    digitalWrite(TrigPin, HIGH);          //发一个10μs的高电平来触发
                                            超声波传感器

    delayMicroseconds(10);                //延时10μs
    digitalWrite(TrigPin, LOW);           //恢复为低电平
    distance = pulseIn(EchoPin, HIGH)*0.01725;
                                          //将回波时间换算成cm

    distance = (int(distance * 100)) / 100;
                                          //保留两位小数 Serial.
                                            print(cm);

    Serial.print(distance);               //串口输出
    Serial.println("cm");
    delay(1000);

}
```

在程序6_1中有一个非常重要的Arduino函数pulseIn（pin，HIGH/LOW，MAXHT）。pulseIn函数用于读取引脚脉冲的时间长度，脉冲可以是HIGH或LOW。如果是HIGH，函数将脉冲输入引脚变为高电平，然后开始计时，一直到变为低电平为止；如果是LOW，函数将脉冲输入引脚变为低电平，然后开始计时，一直到变为高电平为止，测量返回脉冲持续的时间，单位为ms。如果超时还没有读到返回值，将返回0。

pulseIn函数返回值类型为无符号长整型（unsigned long），3个参数分别表示脉冲输入的引脚（pin）、脉冲响应的状态（HIGH）和超时时间（MAXHT），超时时间这个参数也可以省略。

在程序6_1中，语句

```
distance = pulseIn(EchoPin, HIGH) * 0.01725;
```

用来计算超声波传感器距离障碍物的距离，其中pulseIn（EchoPin，HIGH）是从发出超声到接收到返回信号的时间，单位是ms，0.01725是空

气中声音传播速度的一半，单位是cm/ms，两者相乘就可以得到超声波传感器距离障碍物的距离，单位是cm。

6.1.3 利用带有IIC接口的LCD1602显示屏显示传感器的返回值

在前面的章节中我们介绍过利用串口监视器显示输入变量返回值的方法。比如利用串口监视器显示光电传感器返回的灰度值、超声波传感器返回的距离。这种方法虽然具有编程简单的特点，但是需要用USB下载线将机器人与计算机相连，在机器人运动的情况下，使用串口监视器来查看传感器的返回值是非常不方便的。下面我将向读者介绍利用带有IIC接口的LCD1602显示屏显示传感器返回值的方法。

如图6.3所示，1602型液晶屏也叫1602字符型液晶，它是一种专门用来显示字母、数字、符号等的点阵型液晶模块。它由若干个5×7或者5×11等点阵字符位组成，每个点阵字符位都可以显示一个字符，每位之间有一个点距的间隔，每行之间也有间隔，起到了字符间距和行间距的作用。标准的1602型液晶显示屏最少需要占用Arduino的6根I/O控制线才能使其正常工作。所以，通常我们使用带有IIC接口的1602型液晶显示屏，因为带有IIC接口的1602型液晶显示屏只需要占用2根I/O控制线就可以正常工作。

（a）1602型液晶显示屏　　　（b）IIC转接板　　　（c）Arduino控制板上的1602型液晶显示屏
（带有IIC接口）

图6.3 1602型液晶显示屏

若要使用带有IIC接口的1602型液晶显示屏，必须在Arduino IDE中加载相应库文件。网上有很多1602液晶显示屏IIC转接板的卖家都提供库文件，大家也可以通过http://pan.baidu.com/s/1gd7lDJl这个链接下载使用。

请读者将下载后的文件解压缩，在其中可以找到一个名为LiquidCrystal_I2C1602V1.rar的压缩包，将这个压缩包解压后再压缩为

LiquidCrystal_I2C1602V1.zip文件（图6.4（a）），然后利用Arduino IDE
中的"项目→加载库→添加一个.ZIP库"将刚刚压缩的LiquidCrystal_
I2C1602V1.zip添加进去即可（图6.4（b））。添加完成后在Arduino IDE
中的"项目→加载库"中就可以看到LiquidCrystal_I2C1602V1的选项，
表明带有IIC接口的1602型液晶显示屏的库文件已经安装成功（图6.5）。

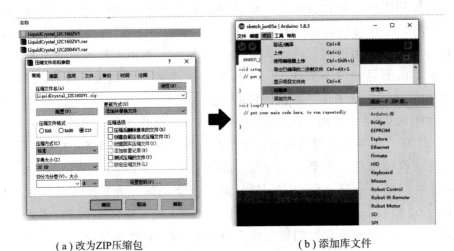

（a）改为ZIP压缩包 　　　　　　　　　（b）添加库文件

图6.4 为带有IIC接口的1602型液晶显示屏添加库文件

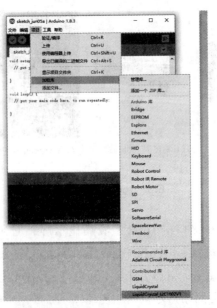

图6.5 带有IIC接口的1602型液晶显示屏的库文件添加成功

有了上面的准备工作，我们就可以使用带有IIC接口的1602型液晶显示屏来显示传感器的返回值了。

下面我们利用两个程序来说明带有IIC接口的1602型液晶显示屏的使用方法。

程序6_2：利用带有IIC接口的LCD1602显示屏显示字符

```
#include <LiquidCrystal_I2C.h>          //引用IIC接口1602液晶显示屏
                                          库文件
LiquidCrystal_I2C lcd(0x27,16,2);       //声明一个1602液晶显示屏对
                                          象，名称为lcd

void setup() {
  // put your setup code here, to run once:
  lcd.init();                           //对显示屏进行初始化
  lcd.clear();                          //清屏
  lcd.setCursor(0,0);                   //设置光标位置为第1列，第1行
  lcd.print("Hi,I am Iduino6!");        //从第1行，第1列起显示Hi,
                                          I am Iduino6!
  lcd.setCursor(0,1);                   //设置光标位置为第1列，第2行
  lcd.print("0123456789");              //从第1行，第1列起显示
                                          0123456789
}
void loop() {
  // put your main code here, to run repeatedly:
}
```

综合程序6_1和程序6_2，我们就能完成利用带有IIC接口的LCD1602显示屏显示超声波传感器与障碍物的距离的程序。

程序6_3：利用带有IIC接口的LCD1602显示屏显示超声波传感器与障碍物的距离

```
#include <LiquidCrystal_I2C.h>          //引用IIC接口1602液晶显
                                          示屏库文件
```

```
LiquidCrystal_I2C lcd(0x27,16,2);        //声明一个1602液晶显示屏
                                           对象，名称为lcd
int TrigPin = 3;                         //超声波的触发接口在数字端
                                           口3
int EchoPin = 4;                         //超声波的回波接口在数字端
                                           口4
float mydistance(void)
{
  float distance;
  pinMode(TrigPin, OUTPUT);              //将超声波的触发引脚设置为
                                           输出模式
  pinMode(EchoPin, INPUT);               //将超声波的回波引脚设置为
                                           输入模式
  digitalWrite(TrigPin, LOW);            //将超声波传感器的触发引脚
                                           的电平拉低，做触发准备
  delayMicroseconds(2);                  //延时2μs
  digitalWrite(TrigPin, HIGH);           //发一个10μs的高电平来触
                                           发超声波传感器
  delayMicroseconds(10);                 //延时10μs
  digitalWrite(TrigPin, LOW);            //恢复为低电平
  distance = pulseIn(EchoPin, HIGH)*0.01725;
                                           //将回波时间换算成cm
  distance = (int(distance * 100)) / 100;
                                           //保留两位小数  Serial.
                                             print(cm);
  return distance;                       //将距离值返回主调函数
}
void setup() {
  // put your setup code here, to run once:
  lcd.init();                            //初始化液晶显示屏
}
void loop() {
```

```
// put your main code here, to run repeatedly:
lcd.clear();                              //清屏
lcd.setCursor(0,0);
lcd.print("d=");
lcd.print(mydistance());
lcd.print("cm");
delay(200);                               //每200ms更新一次
}
```

6.2　循迹避障车

在6.1节中我们学习了如何利用超声波传感器测量距离，并使用带有IIC接口的1602型液晶显示器显示距离，在本节中我们将学习使用超声波传感器避开循迹路径上的障碍物并最终达到终点的方法。

图6.6所示为循迹避障任务的路线图，比赛要求选手搭建一台智能车，可以从起点出发沿线行驶到障碍物前，绕过障碍物后继续沿线行驶过终点后停止。表6.2是循迹避障车的硬件连接。

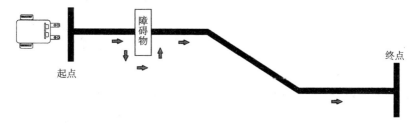

图6.6　循迹避障任务图

表 6.2　循迹避障车硬件连接

器　件	引　脚	器　件	引　脚
左电机	6（速度控制）	超声波传感器	3（Trig）
	22（运动方向控制）		4（Echo）
	23（运动方向控制）	循迹传感器（左）	A15

续表6.2

器 件	引 脚	器 件	引 脚
右电机	9（速度控制）	循迹传感器（右）	A14
	37（运动方向控制）		
	38（运动方向控制）		

```
#include <LiquidCrystal_I2C.h>        //引用IIC接口1602液
                                        晶显示屏库文件

LiquidCrystal_I2C lcd(0x27,16,2);      //声明一个1602液晶显
                                        示屏对象，名称为lcd

int TrigPin = 3;                        //超声波的触发接口在
                                        数字端口3

int EchoPin = 4;                        //超声波的回波接口在
                                        数字端口4

int Kstart = 5;                         //启动按键为5号按键
int guangzuo = A15;                     //左侧光电传感器接在
                                        模拟输入端口A15

int guangyou = A14;                     //右侧光电传感器接在
                                        模拟输入端口A14

float mydistance(void)                  //超声波测距函数
{
  float distance;
  pinMode(TrigPin, OUTPUT);             //将超声波的触发引脚
                                        设置为输出模式

  pinMode(EchoPin, INPUT);              //将超声波的回波引脚
                                        设置为输入模式

  digitalWrite(TrigPin, LOW);           //将超声波传感器的触
                                        发引脚的电平拉低，做
                                        触发准备

  delayMicroseconds(2);                 //延时2μs
  digitalWrite(TrigPin, HIGH);          //发一个10μs的高电平
```

```
                                        来触发超声波传感器
  delayMicroseconds(10);                //延时10μs
  digitalWrite(TrigPin, LOW);           //恢复为低电平
  distance = pulseIn(EchoPin, HIGH) * 0.01725; //将回波时间换算成cm
  distance = (int(distance * 100)) / 100;//保留两位小数
  return distance;                      //将距离值返回主调函数
}
void forward(int myspeed,int t)
{
  analogWrite(6,myspeed);
  digitalWrite(22,LOW);
  digitalWrite(23,HIGH);
  analogWrite(9,myspeed);
  digitalWrite(37,HIGH);
  digitalWrite(38,LOW);
  delay(t);
  analogWrite(6,0);
  analogWrite(9,0);
}
void left(int sleft,int sright,int t)
{
  analogWrite(6,sleft);
  digitalWrite(22,LOW);
  digitalWrite(23,HIGH);
  analogWrite(9,sright);
  digitalWrite(37,HIGH);
  digitalWrite(38,LOW);
  delay(t);
  analogWrite(6,0);
  analogWrite(9,0);
}
void right(int sleft,int sright,int t)
```

```
{
   analogWrite(6,sleft);
   digitalWrite(22,LOW);
   digitalWrite(23,HIGH);
   analogWrite(9,sright);
   digitalWrite(37,HIGH);
   digitalWrite(38,LOW);
   delay(t);
    analogWrite(6,0);
    analogWrite(9,0);
}
void carstop()
{
   analogWrite(6,0);
   analogWrite(9,0);
}
void followline()
{
   while((mydistance()>12)  &&  (analogRead(guangzuo)>180 ||
analogRead(guangyou)>180))
  {
    if(analogRead(guangzuo)>180 && analogRead(guangyou)>180)
    {
       forward(220,10);
    }
    if (analogRead(guangzuo)<180 && analogRead(guangyou)>180)
    {
      left(100,245,20);
    }
    if (analogRead(guangzuo)>180 && analogRead(guangzuo)<180)
    {
    right(245,100,20);
```

```
    }
    carstop();
  }
}
void setup() {
  // put your setup code here, to run once:
  lcd.init();                              //初始化液晶显示屏
  while(digitalRead(Kstart) == HIGH)       //在启动键没有按下时
                                           进行传感器检测

  {
    lcd.clear();
    lcd.clear();                           //清屏
    lcd.setCursor(0,0);
    lcd.print("d=");
    lcd.print(mydistance());
    lcd.print("cm");
    lcd.setCursor(0,1);
    lcd.print("zuo=");
    lcd.print(analogRead(guangzuo));
    lcd.print("you=");
    lcd.print(analogRead(guangyou));
    delay(350);                            //350ms更新一次
  }
  forward(150,200);
  followline();
  left(0,150,530);
  forward(100,500);
  right(150,0,530);
  forward(150,700);
  right(150,0,530);
  while(analogRead(guangzuo)>200)
  {forward(100,50);}
```

```
   forward(120,150);
   left(0,150,490);
   followline();
}
void loop() {
   // put your main code here, to run repeatedly:

}
```

6.3　机器人走迷宫

　　同学们都去过北京圆明园吗？图6.7（a）所示就是圆明园中的迷宫。其实如果程序编写得当，机器人也能够学会走迷宫的本领。图6.7（b）所示的就是一种机器人迷宫场地。在这节课中我将带着大家来学习让机器人走迷宫的方法。

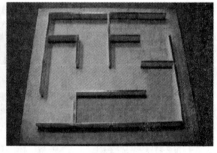

（a）圆明园中的迷宫　　　　　　　　（b）一种机器人迷宫

图6.7　迷宫和机器人迷宫

6.3.1　硬件积累——红外避障传感器

　　红外避障传感器是专为轮式机器人设计的一款探测距离可调的避障传感器。如图6.8所示，红外避障传感器具有一对红外发射管与接收管，发射管发射出一定频率的红外线，当检测方向遇到障碍物（反射面）时，红外线反射回来被接收管接收，此时指示灯亮起，经过电路处理后，信号输出接口输出数字信号，可通过电位器旋钮调节检测距离，有效距离2～40cm，工作电压为 3.3 ~ 5V, 由于工作电压范围宽泛, 在电源电压波动比较大的情况下仍能稳定工作, 适合多种单片机、Arduino 控制器、树莓派使用, 安装到机器人上即可感测周围环境的变化。

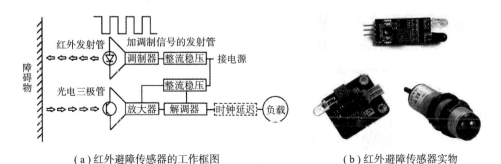

（a）红外避障传感器的工作框图   （b）红外避障传感器实物

图6.8　红外避障传感器

6.3.2　利用红外避障传感器实现沿墙行走

利用红外避障传感器实现沿墙行走如图6.9所示, 表6.3是红外避障车硬件连接。

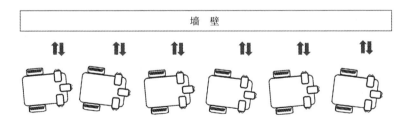

图6.9　利用红外避障传感器实现沿墙行走

表6.3　红外避障车硬件连接

器　件	引　脚	器　件	引　脚
左电机	6（速度控制）	红外避障传感器（左）	A7
	22（运动方向控制）		
右电机	23（运动方向控制）	红外避障传感器（前）	A8
	9（速度控制）		
	37（运动方向控制）	红外避障传感器（右）	A9
	38（运动方向控制）		

程序6_5：利用红外避障传感器实现沿墙行走

```
#include <LiquidCrystal_I2C.h>         //引用IIC接口1602液晶显
                                          示屏库文件

LiquidCrystal_I2C lcd(0x27,16,2);      //声明一个1602液晶显示屏
                                          对象，名称为lcd

int Kstart = 5;                        //启动按键为5号按键
int hleft = A7;                        //左红外测距
int hmiddle = A8;                      //中红外测距
int hright = A9;                       //右红外测距
void left(int sleft,int sright,int t)
{
  analogWrite(6,sleft);
  digitalWrite(22,LOW);
  digitalWrite(23,HIGH);
  analogWrite(9,sright);
  digitalWrite(37,HIGH);
  digitalWrite(38,LOW);
  delay(t);
  analogWrite(6,0);
  analogWrite(9,0);
}
void right(int sleft,int sright,int t)
{
  analogWrite(6,sleft);
  digitalWrite(22,LOW);
  digitalWrite(23,HIGH);
  analogWrite(9,sright);
  digitalWrite(37,HIGH);
  digitalWrite(38,LOW);
  delay(t);
  analogWrite(6,0);
  analogWrite(9,0);
```

```
}
void carstop()
{
  analogWrite(6,0);
  analogWrite(9,0);
}

void setup() {
  // put your setup code here, to run once:
  lcd.init();                            //初始化液晶显示屏
  while(digitalRead(Kstart) == HIGH)     //在启动键没有按下时进行传
                                           感器检测
  {
    lcd.clear();
    lcd.clear();                         //清屏
    lcd.setCursor(0,0);
    lcd.print(analogRead(hleft));
    lcd.print("   ");
    lcd.print(analogRead(hmiddle));
    lcd.print("   ");
    lcd.print(analogRead(hright));
    delay(350);                          //350ms更新一次
  }
}
void loop() {
  // put your main code here, to run repeatedly:
  if(analogRead(hleft)>350)
  {
    left(100,200,10);
  }
  else
  {
```

```
    right(200,100,10);
  }
}
```

6.3.3 利用左手定则完成机器人迷宫行走

走迷宫问题是一个古老而著名的问题。有两种方法都可以走到出口，一种是顺时针走法（左手法则），另一种是逆时针走法（右手法则）。下面以左手法则为例：

（1）如果左手摸着墙壁，向前走。

（2）如果左手摸不到墙壁，向左转，使左手能够摸到墙壁。

（3）如果前面撞到墙了，说明前面有障碍物，向右转。

（4）重复以上三步，就可以走到出口。

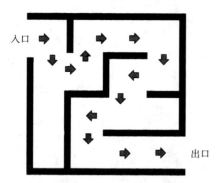

图 6.10 迷宫场地

如图 6.10 所示，迷宫场地是由 16×16 个网络组成，起点在一角，终点占据中央的四个网格。每个网格尺寸为 $18 \text{cm} \times 18 \text{cm}$（长×宽），隔栅尺寸为 $5 \text{cm} \times 1.2 \text{cm}$（高×厚），上红、侧白、地板为黑色。迷宫机器人属于自主型，不允许人为（包括无线）操控。迷宫机器人尺寸限制为 $25 \text{cm} \times 25 \text{cm}$（长×宽），高度及重量不限。

程序6_6：利用左手法则实现机器人走迷宫

```
#include <LiquidCrystal_I2C.h>        //引用IIC接口1602液晶显示
                                      屏库文件

LiquidCrystal_I2C lcd(0x27,16,2);     //声明一个1602液晶显示屏对
                                      象，名称为lcd

int Kstart = 5;                       //启动按键为5号按键
int hleft = A7;                       //左红外测距
int hmiddle = A8;                     //中红外测距
int hright = A9;                      //右红外测距
void forward(int myspeed,int t)
```

```
{
  analogWrite(6,myspeed);
  digitalWrite(22,LOW);
  digitalWrite(23,HIGH);
  analogWrite(9,myspeed);
  digitalWrite(37,HIGH);
  digitalWrite(38,LOW);
  delay(t);
  analogWrite(6,0);
  analogWrite(9,0);
}
void left(int sleft,int sright,int t)
{
  analogWrite(6,sleft);
  digitalWrite(22,LOW);
  digitalWrite(23,HIGH);
  analogWrite(9,sright);
  digitalWrite(37,HIGH);
  digitalWrite(38,LOW);
  delay(t);
  analogWrite(6,0);
  analogWrite(9,0);
}
void right(int sleft,int sright,int t)
{
  analogWrite(6,sleft);
  digitalWrite(22,LOW);
  digitalWrite(23,HIGH);
  analogWrite(9,sright);
  digitalWrite(37,HIGH);
  digitalWrite(38,LOW);
  delay(t);
```

```
  analogWrite(6,0);
  analogWrite(9,0);
}
void carstop()
{
   analogWrite(6,0);
   analogWrite(9,0);
 }


void setup() {
  // put your setup code here, to run once:
  lcd.init();                          //初始化液晶显示屏
  while(digitalRead(Kstart) == HIGH)//在启动键没有按下时进行传
                                      感器检测
  {
    lcd.clear();
    lcd.clear();                       //清屏
    lcd.setCursor(0,0);
    lcd.print(analogRead(hleft));
    lcd.print("  ");
    lcd.print(analogRead(hmiddle));
    lcd.print("  ");
    lcd.print(analogRead(hright));
    delay(350);                        //350ms更新一次
  }
  forward(150,200);                    //前冲

}
void loop() {
  // put your main code here, to run repeatedly:
  //红外避障传感器如果靠近障碍物，则返回值小于350
  //如果看不到障碍物，则返回值大于350
```

```
if ((analogRead(hleft)<350 ) && (analogRead(hmiddle)>350))
{
  right(200,100,10);
}
if ((analogRead(hleft)>350 ) && (analogRead(hmiddle)>350))
{
  left(100,200,10);
}
if(analogRead(hmiddle)<350)
{
  right(200,100,100);
}
}
```

第7章

综合任务

| 本章内容提要 |

（1）北京青少年机器人竞赛——机器人智能工程挑战赛规则。

（2）自控机器人设计。

（3）遥控机器人设计。

7.1　北京青少年机器人竞赛——机器人智能工程挑战赛规则

7.1.1　比赛目的

1956年夏季，以麦卡赛、明斯基、罗切斯特和申农等为首的一批有远见卓识的年轻科学家在一起聚会，共同研究和探讨用机器模拟智能的一系列有关问题，并首次提出了"人工智能"这一术语，它标志着"人工智能"这门新兴学科的正式诞生。

2016年被称之为人工智能元年，在这之后，人工智能的发展迎来一波又一波高潮。各国政府已将人工智能划入政府规划，将人工智能的发展提高到了一个前所未有的高度。2017年7月8日，国务院印发《新一代人工智能发展规划》（以下简称《规划》），明确指出人工智能成为国际竞争的新焦点，应逐步开展人工智能教育项目，在中小学设置人工智能相关课程，逐步推广编程教育。此外，《规划》还鼓励社会力量参与开发与推广编程教学软件与开发，支持开展人工智能竞赛，鼓励进行形式多样的人工智能科普创作，且要求是"寓教于乐"，毕竟复杂的编程语言或人工智能知识很难引起中小学生的兴趣。

机器人竞赛由于其趣味性和开展的普及性正在成为普及人工智能知识的一个重要平台。为了让同学们加深对人工智能技术在机器人领域的应用的认识，我们特意将2017年机器人智能工程挑战赛的主题定为"人机争夺"。本届比赛的项目不同于以往，选手们将操纵自己的机器人与对方的自动机器人进行比赛。

7.1.2　比赛任务

每支参赛队设计两个小型机器人，一个自动控制，一个由选手遥控。每场比赛同时由两支参赛队上场，一方为红方，一方为蓝方。每场比赛分为上、下两个半场。每个半场时间为120秒，上、下半场间有30秒准备时间。

每场比赛的上半场由红方自控机器人对阵蓝方遥控机器人；下半场由红方遥控机器人对阵蓝方自控机器人。

每个半场比赛的任务均是机器人从各自的出发区出发，争夺位于赛场中间圆环位置的得分物，并设法将尽可能多的得分物带回各自的库房。上、下半场比赛结束时，以送回库房中得分物的分值计算成绩，送回库房中得分物分值高的队获胜。

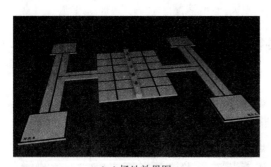

（a）场地效果图

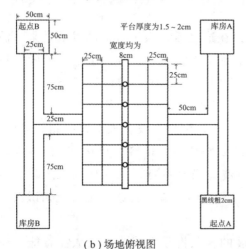

（b）场地俯视图

图7.1　比赛场地图

7.1.3　比赛场地

本次比赛的场地如图7.1所示，场地规格的说明如下：

比赛场地由截面积8cm×8cm、长度不小于1.5m的立方体隔离物隔开的两块对称场地构成。场地使用厚度为1.5～2cm的白色PVC板制作；轨迹线用黑色亚光漆画出或用黑色亚光电光胶带粘贴，轨迹线的宽度为20～25mm（以下凡是涉及黑线的尺寸，均指其中心线）。

比赛场地尺寸的允许误差是±5mm，场地尽可能平整，但接缝处可能有2mm的高低差和2mm的间隙。对此，参赛队设计机器人时必须充分考虑。

1. 赛场环境

机器人比赛场地环境为冷光源、低照度、无磁场干扰。但由于一般赛场环境的不确定因素较多，例如，场地表面可能有纹路和不平整，边框上有裂缝，光照条件有变化，等等，参赛队在设计机器人时应考虑各种应对措施。

2. 得分物

比赛中双方的争夺物为倒扣在比赛场地中央的5个纸杯，在训练中可以使用普通的230ml的普通纸杯作为争夺物进行训练。比赛中必须使用组委会提供的纸杯进行比赛，不能使用自己的纸杯。得分物的尺寸如图7.2所示（得分物的尺寸允许有5mm的误差）。

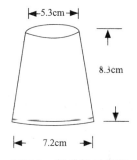

图7.2　得分物示意图

7.1.4　机器人的要求

每次半场比赛，每支参赛队只能有1个机器人在场上比赛。在比赛前，选手需要对机器人进行登记和标识。为了能公平比赛，本次比赛对于选手使用的机器人做如下限制，以便各个参赛队能在相对统一的平台上进行比赛：

图7.3　PS2无线遥控手柄

（1）对于自控机器人的控制器类型限定为与Arduino UNO或Arduino 2560兼容的控制器。

（2）对于遥控机器人的控制器类型限定为与Arduino UNO或Arduino 2560兼容的控制器，且遥控装置必须为PS2无线遥控手柄（如图7.3所示），遥控机器人必须通过Arduino控制器进行控制，不得直接使用现成的遥控装置进行遥控。

（3）比赛中每个机器人使用的电机总数不超过4个、舵机总数不超过4个，额定电压均不能超过6V。

（4）机器人使用总电压不超过9V的干电池或锂电池供电，机器人只能使用一组电池供电，不能使用升压装置，比赛前会对机器人所使用的电源进行检测，如果裁判员认为机器人不符合要求，可以拒绝其参加比赛。

（5）机器人尺寸（含展开尺寸）限制为长、宽、高均小于等于30cm。

（6）机器人重量限制为不大于1200g。

（7）参赛队自控机器人使用的传感器的种类和数量不限，遥控机器人则不得使用任何传感器。

（8）机器人本体可以自由拼装或者用户自行设计和制造的模块进行组装，但机器人比赛开始前应拆散到最小单位，且必须是现场组装。

（9）如果裁判员认为比赛用的机器人有任何安全隐患，可以拒绝其参加比赛。

7.1.5　比赛流程

裁判宣布比赛开始后，选手有1.5小时的准备时间来搭建机器人、编写程序和测试。

参赛机器人应先到指定位置进行检录。

得分物的位置由裁判宣布比赛开始前指定，各个位置的得分物（杯子）一旦确定，同一组别的所有参赛队都将按照这一分值比赛且不再变换。

竞赛分组及比赛顺序由裁判抽签决定。

参赛选手按照抽签决定的比赛顺序在规定的时间内完成比赛并由裁判记录成绩。

比赛进行两轮，比赛成绩为两轮的得分总和。

每个机器人回到库房前，一次只能触碰一个得分物（杯子），如果触碰一个以上的得分物（杯子）则立即结束自己的这场比赛，但不影响已放回库房的得分物的记分，对手机器人不受影响，被触碰的得分物（杯子）由裁判恢复。

不管何种原因，如果机器人掉下比赛平台或失去控制，则需要手动召回，召回后必须从出发区重新开始，如果机器人身上携带得分物（杯子）由裁判取走不得分。

比赛时除参赛机器人外，不能以任何其他方式触碰得分物。

7.1.6　裁　判

裁判在比赛过程中所作的判决将为比赛权威判定，结果不容争议，参赛队伍必须接受裁判结果。

裁判的责任：

（1）执行比赛的所有规则。

（2）监督比赛的犯规现象。

（3）记录比赛的成绩和时间。

（4）核对选手的资质。

（5）审定场地、机器人等是否符合比赛要求。

7.1.7 比赛计分标准

1．比赛成绩

（1）比赛按照比赛结束时场地上最终位置计算总分。

（2）场地中央的5个争夺物的分值分别为20分、50分、80分、120分、150分。

（3）比赛成绩＝自控机器人得分＋遥控机器人得分。

2．比赛排名

（1）以得分总和计算名次，总分高者排名靠前。

（2）如果总分相同，则比较自控机器人的最高得分，得分高者获胜。

（3）如果自控机器人得分相同，则比较自控机器人的重量，重量轻者获胜。

7.1.8 比赛中的事故处理

1．选手要求停止比赛

参赛者可以要求停止自己的比赛，申请停止比赛前库房内的得分物有效。

2．不能继续比赛

当参赛者的机器人发生意外导致比赛无法继续下去，那么该参赛者可以提前结束自己的比赛，结束前库房内的得分物有效。

3．意外事故处理

在受伤或发生意外的情况下，比赛是否继续将由裁判和委员会成员决定。

7.1.9 参赛选手

（1）比赛分小学、初中和高中三个组别进行。

（2）每支参赛队由不超过3名学生和1名教练员组成。

（3）所有参赛选手必须是2018年7月13日前仍在北京市属中小学校的学生。

7.2 自控机器人的设计与编程

7.2.1 为自控机器人设计底盘和执行机构

根据规则为机器人设计一个符合比赛要求的底盘和执行机构是制作机器人的第一步。通过观察比赛场地我们注意到此次比赛的场地是由直线和十字路口组成，机器人需要经常进行循迹和原地转向，所以机器人的底盘应采用差动转向的底盘结构或履带结构。在本例中我们使用4轮差动转向底盘，同侧的两个电机使用级联线连接在一起，所以只需要使用两个电机控制口就可以完成对机器人行进的控制，机器人的底盘使用激光雕刻机进行加工（图7.4（a））。

为了夹取杯子，我们使用了两个995舵机构成机械手，为了能够牢固地抓住纸杯，要注意两个机械手之间的间隙要略小于纸杯的直径（图7.4（b））。

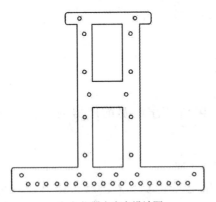

（a）机器人底盘设计图　　　　　（b）安装了机械手的机器人底盘

图7.4 机器人底盘设计

7.2.2 为自控机器人选择传感器

根据规则要求，每个参赛队需要设计并制作两个机器人来进行对抗，其中一个机器人为自动控制的机器人，就是在运行过程中不能人为干预机器人的运行，机器人需要利用各种传感器来完成比赛任务。本次比赛任务是在机器人竞赛中最为常见的循迹取物项目。该类型项目的核心是准确循迹，做到这一点并不困难。由于比赛轨迹均是由直线和十字路口组成，所以机器人循迹只需使用我们在第5章中介绍的双光电循迹程序即可（图7.5

内侧两个光电传感器为循迹传感器）。为了识别十字路口，我们另外增加两个光电传感器（图7.5外侧两个光电传感器为判断十字路口的传感器）。

图7.5 循迹传感器排列方式

以往的机器人比赛，如果含有对抗，一般是自控机器人与自控机器人对抗（例如足球机器人比赛、FLL工程挑战赛等）或者是遥控机器人对抗（例如VEX工程挑战赛）。这次比赛的一个突出特点是，自控机器人与遥控机器人对抗。如果选手想赢得比赛，则必须充分发挥自控机器人的优点回避其劣势。

自控机器人的优点在于其可以精确而迅速地循迹，而劣势是它不能够根据场上的实际情况改变行进路线。具体到这次比赛就是自控机器人必须能够判断自己是否取得了预期的纸杯，并将其送回自己的库房，如果没有拿到预期的纸杯，则不回库房继续到下一个位置去取纸杯，直到取到为止。所以需要使用一个红外避障传感器来感知预期的纸杯是否已经被取走（如图7.6所示）。

图7.6 用于检测得分物是否被取走的红外避障传感器

7.2.3　自控机器人的程序设计

在说明自控机器人的程序设计之前，需要先明确驱动电机、舵机和各传感器的引脚（参见表 7.1）。由于得分物的位置是比赛时公布的，所以只有在比赛现场才能进行路径规划，为了方便进行路径规划，自控机器人的程序设计采用模块化设计思想，将自控机器人需要完成的动作和任务分解成若干子程序。

表 7.1　自控机器人连接

器　件	引　脚	传感器	引　脚
右电机	6（速度控制）	左外侧光电传感器	A12（看路口）
	22（运动方向控制）	左内侧光电传感器	A13（循迹）
	23（运动方向控制）	右内侧光电传感器	A14（循迹）
左电机	8（速度控制）	右外侧光电传感器	A15（看路口）
	35（运动方向控制）	红外避障传感器	A8（得分物探测）
	36（运动方向控制）		
机械手左舵机	11		
机械手右舵机	12		

表 7.2 所示为自控机器人所用子程序模块及作用。

表 7.2　自控机器人子程序

序　号	子程序名称	子程序作用
1	void carstop()	自控机器人停止
2	void forward(int myspeed,int t)	自控机器人向前行驶
3	void back(int myspeed,int t)	自控机器人向后行驶
4	void left(int myspeed,int t)	自控机器人向左纠偏
5	void right(int myspeed,int t)	自控机器人向右纠偏
6	void xun(int myspeed)	自控机器人循迹
7	void left90(int myspeed)	自控机器人原地左转90°
8	void right90(int myspeed)	自控机器人原地右转90°
9	void left180(int myspeed)	自控机器人原地左转180°
10	void right180 (int myspeed)	自控机器人原地右转180°

续表7.2

序 号	子程序名称	子程序作用
11	void openarm()	打开机械手
12	void closearm()	闭合机械手
13	void xunc(int myspeed,int cishu)	自控机器人按次数循迹
14	void showsensor()	显示光电传感器的状态

各子程序说明如下：

1. 自控机器人停止

设计思路：将左、右电机的速度控制端口设置为0，无参数，无返回值。

```
void carstop()
{
    analogWrite(6,0);                    //右电机速度置零
    analogWrite(8,0);                    //左电机速度置零
}
```

2. 自控机器人向前行驶

设计思路：将左、右电机的速度设置为myspeed（0~255），延时 t 毫秒后停车。

```
void forward(int myspeed,int t)
{
    analogWrite(6,myspeed);
    digitalWrite(22,HIGH);
    digitalWrite(23,LOW);
    analogWrite(8,myspeed);
    digitalWrite(35,HIGH);
    digitalWrite(36,LOW);
    delay(t);
    carstop();
}
```

3. 自控机器人向后行驶

设计思路：将左、右电机的速度设置为myspeed（0~255），延时 t 毫秒后停车。

```
void back(int myspeed,int t)
{
  analogWrite(6,myspeed);
  digitalWrite(22,LOW);
  digitalWrite(23,HIGH);
  analogWrite(8,myspeed);
  digitalWrite(35,LOW);
  digitalWrite(36,HIGH);
  delay(t);
  carstop();
}
```

4. 自控机器人向左纠偏

设计思路：设置左电机速度为myspeed，右电机速度为myspeed+50，延时 t 毫秒后停车。由于右电机速度大于左电机速度，所以机器人向左行驶。

```
void left(int myspeed,int t)
{
  analogWrite(6,myspeed);
  digitalWrite(22,HIGH);
  digitalWrite(23,LOW);
  if ((myspeed + 50)>255 )        // 如果基础速度加50大于255，则
                                  设速度为255（最大）
  {
    analogWrite(8,255);
  }
  else
  {
```

```
    analogWrite(8,myspeed + 50);
  }
  digitalWrite(35,HIGH);
  digitalWrite(36,LOW);
  delay(t);
  carstop();
}
```

5. 自控机器人向右纠偏

设计思路：设置右电机速度为myspeed，左电机速度为myspeed+50，延时 t 毫秒后停车。由于左电机速度大于右电机速度，所以机器人向右行驶。

```
void right(int myspeed,int t)
{
  analogWrite(8,myspeed);
  digitalWrite(35,HIGH);
  digitalWrite(36,LOW);
  if ((myspeed + 50)>255 )          //如果基础速度加50大于255，则
                                     设速度为255（最大）
  {
    analogWrite(6,255);
  }
  else
  {
    analogWrite(6,myspeed + 50);
  }
  digitalWrite(22,HIGH);
  digitalWrite(23,LOW);
  delay(t);
  carstop();
}
```

6. 自控机器人循迹

设计思路：本子程序的基本思路为双光电循迹（参见第5章相关内容），如果左外侧光电传感器和右外侧光电传感器返回值均大于外临界值（wlin），说明机器人没有行驶到十字路口，则循迹行驶；如果左外侧光电传感器或右外侧光电传感器返回值小于临界值（wlin），说明机器人行驶到十字路口，则机器人停止。

```
void xun(int myspeed)
{
  while((analogRead(zw)>wlin) && (analogRead(yw)>wlin))
                            //左外侧光电传感器和右外侧光电传感器
                              返回值均大于临界值，循迹行驶
  {
    if((analogRead(zn)>nlin) && (analogRead(yn)>nlin))
    {
      forward(myspeed,2);
    }
    if((analogRead(zn)>nlin) && (analogRead(yn)<nlin))
    {
     right(myspeed,1);
    }
    if ((analogRead(zn)<nlin) && (analogRead(yn)>nlin))
    {
      left(myspeed,1);
    }
  }
}
```

7. 自控机器人原地左转90°

设计思路：对于采用差动转向机器人实现原地转动是比较简单的，只需要左、右两侧的电机以等速反向转动即可。但是如果希望精确控制机器人原地转向则不能单靠延时的方式，常采用的方法是延时+数黑线的方式。如图7.7所示，自控机器人原地左转90°的程序分为5个步骤，具体说明如下：

（1）机器人停止在路口（图7.7（a）所示）

（2）机器人运行到旋转中心（图7.7（b）所示）

（3）机器人延时原地左转到空白位置（图7.7（c）所示）

（4）等待机器人原地左转到左内侧光电传感器见到黑线（图7.7（d）所示）。

（5）等待机器人原地左转到左内侧光电传感器见到白色场地背景，左转90°，停车（图7.7（e）所示）。

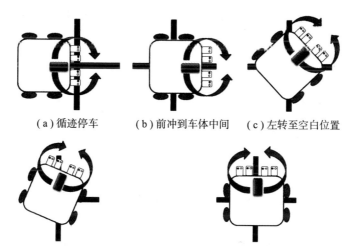

（a）循迹停车　　　（b）前冲到车体中间　　　（c）左转至空白位置

（d）左内侧光电传感器见到黑线　　（e）左内侧光电传感器见到白色场地背景，停车

图7.7　自控机器人原地左转90°动作分解图

具体程序如下：

```
void left90(int myspeed)
{
                                    //前冲到旋转中心
    analogWrite(6,myspeed);
    digitalWrite(22,HIGH);
    digitalWrite(23,LOW);
    analogWrite(8,myspeed);
    digitalWrite(35,HIGH);
    digitalWrite(36,LOW);
    delay(150);                     //需要根据实际情况调整
                                    //原地左转到空白位置
    analogWrite(6,myspeed);
```

```
digitalWrite(22,HIGH);
digitalWrite(23,LOW);
analogWrite(8,myspeed);
digitalWrite(35,LOW);
digitalWrite(36,HIGH);
delay(150);                      //需要根据实际情况调整
while(analogRead(zn)>nlin)       //等待左内侧光电传感器见到黑线
 {
delay(1);
}
while(analogRead(zn)<nlin)       //等待左内侧光电传感器见到白色场地背
{
 delay(1);
}
carstop();                       //旋转到位，停车
}
```

8．自控机器人原地右转90°

设计思路：自控机器人原地右转90°的设计思路和自控机器人左转90°的设计思路相似，只是旋转方向相反，各位读者可以结合图7.8和程序代码进行理解。

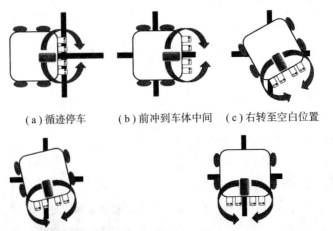

（a）循迹停车　　　（b）前冲到车体中间　（c）右转至空白位置

（d）右内侧光电传感器见到黑线　　（e）右内侧光电传感器见到白色场地背景，停车

图7.8　自控机器人原地右转90°动作分解图

```
void right90(int myspeed)
{
                                    //前冲到旋转中心
  analogWrite(6,myspeed);
  digitalWrite(22,HIGH);
  digitalWrite(23,LOW);
  analogWrite(8,myspeed);
  digitalWrite(35,HIGH);
  digitalWrite(36,LOW);
  delay(150);                       //需要根据实际情况调整
                                    //原地右转到空白位置
  analogWrite(6,myspeed);
  digitalWrite(22,LOW);
  digitalWrite(23,HIGH);
  analogWrite(8,myspeed);
  digitalWrite(35,HIGH);
  digitalWrite(36,LOW);
  delay(150);                       //需要根据实际情况调整
  while(analogRead(yn)>nlin) //等待右内侧光电传感器见到黑线
  {
    delay(1);
  }
  while(analogRead(yn)<nlin) //等待右内侧光电传感器见到白色场地背景
  {
    delay(1);
  }
  carstop();                        //旋转到位，停车
}
```

9. 自控机器人原地左转180°

设计思路：自控机器人原地左转180°，可以看作是两次原地左转90°，但是需要注意的是在第二次原地左转90°的时候不需要前冲。原地左转180°动作的分解图如图7.9所示，读者可以结合程序自行理解。

（a）循迹停车　　　（b）前冲到车体中间　　（c）左转至空白位置　　（d）左内侧光电传感器
　　　　　　　　　　　　　　　　　　　　　　　　　　　　　　　　见到黑线

（e）左内侧光电传感器　（f）左转至空白位置　（g）左内侧光电传感器　（h）左内侧光电传感器见到
　见到白色场地背景　　　　　　　　　　　　见到黑线　　　　白色场地背景，停车

图7.9　自控机器人原地右转180°动作分解图

```
void left180(int myspeed)
{
                                    //先调用一次原地左转90°

  left90(myspeed);

                                    //原地左转到空白位置

  analogWrite(6,myspeed);
  digitalWrite(22,HIGH);
  digitalWrite(23,LOW);
  analogWrite(8,myspeed);
  digitalWrite(35,LOW);
  digitalWrite(36,HIGH);
  delay(150);                       //需要根据实际情况调整
  while(analogRead(zn)>nlin)        //等待左内侧光电传感器见到黑线
  {
    delay(1);
  }
  while(analogRead(zn)<nlin)        //等待左内侧光电传感器见到白色场地
                                    背景
  {
```

```
    delay(1);
  }
  carstop();                        //旋转到位，停车
}
```

10. 自控机器人原地右转180°

设计思路：与自控机器人原地左转180°类似。自控机器人原地右转180°也可以看作是两次原地右转90°，但是需要注意的是在第二次原地右转90°的时候不需要前冲。读者可以下面结合程序自行理解。

```
void right180(int myspeed)
{
                                    //先调用一次原地右转90°
  right90(myspeed);
                                    //原地右转到空白位置
  analogWrite(6,myspeed);
  digitalWrite(22,LOW);
  digitalWrite(23,HIGH);
  analogWrite(8,myspeed);
  digitalWrite(35,HIGH);
  digitalWrite(36,LOW);
  delay(150);                       //需要根据实际情况调整
  while(analogRead(yn)>nlin)        //等待右内侧光电传感器见到黑线
  {
    delay(1);
  }
  while(analogRead(yn)<nlin)        //等待右内侧光电传感器见到白色场地背景
  {
    delay(1);
  }
  carstop();                        //旋转到位，停车
}
```

11.　打开机械手

设计思路：将左、右两侧的舵机均设置为90°。

```
void openarm()
{
  zs.attach(12);              //左舵机在12号引脚
  ys.attach(11);              //右舵机在11号引脚
  zs.write(90);               //左舵机90°
  delay(15);
  ys.write(90);               //右舵机90°
  delay(15);
}
```

12.　闭合机械手

设计思路：将左侧舵机设置为180°、右侧舵机设置为0°。

```
void closearm()
{
  zs.attach(12);              //左舵机在12号引脚
  ys.attach(11);              //右舵机在11号引脚
  zs.write(180);              //左舵机180°
  delay(15);
  ys.write(0);                //右舵机0°
  delay(15);
}
```

13.　自控机器人按次数循迹

设计思路：因为在夹取得分物的最后一段线路是没有十字路口作为停止标记的，所以使用按次数循迹的方式，其基本思想仍旧是双光电循迹，具体程序如下：

```
void xunc(int myspeed,int cishu)
{
  int i;
  for(i = 0;i<=cishu;i++)
```

```
{
  if ((analogRead(zn)>nlin) && (analogRead(yn)>nlin))
  {
    forward(myspeed,2);
  }
  if ((analogRead(zn)>nlin) && (analogRead(yn)<nlin))
  {
    right(myspeed,1);
  }
  if ((analogRead(zn)<nlin) && (analogRead(yn)>nlin))
  {
    left(myspeed,1);
  }
  }
}
```

14. 显示光电传感器参数

设计思想：利用带有IIC接口的1602液晶显示屏显示四个光电传感器的返回值，用以确定循迹临界值。

```
void showsensor()
{
  lcd.clear();                          //清屏
  lcd.setCursor(2,0);
  lcd.print(analogRead(zw));
  lcd.setCursor(12,0);
  lcd.print(analogRead(yw));
  lcd.setCursor(5,1);
  lcd.print(analogRead(zn));
  lcd.setCursor(10,1);
  lcd.print(analogRead(yn));
  delay(300);                           //350ms更新一次
}
```

7.2.4 自控机器人的路径规划举例

在上一小节中,我向大家介绍了在自控机器人中使用的13个子程序,在这一小节中我们就利用这13个子程序完成一个抓取得分物并放回库房的程序。

如图7.10所示,我们编写程序取回最左侧的得分物并放回库房。机器人先从出发点冲出,沿空心箭头行驶到得分物前,关闭机械手,取到得分物后,沿实心箭头返回库房。

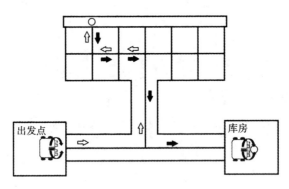

图7.10 路径规划举例

```
#include <Servo.h>
#include <LiquidCrystal_I2C.h>        //引用IIC接口1602液晶显示屏
                                         库文件

LiquidCrystal_I2C lcd(0x27,16,2);     //声明一个1602液晶显示屏对
                                         象,名称为lcd

int k1 = 5;                            //启动按键为5号按键
int zw = A15;                          //左外侧循迹传感器
int zn = A13;                          //左内侧循迹传感器
int yn = A14;                          //右内侧循迹传感器
int yw = A12;                          //右外侧循迹传感器
int ce = A8;                           //得分物探测用避障传感器
int wlin = 290;                        //外侧光电传感器临界值,需要
                                         根据实际调整

int nlin = 290;                        //内测光电传感器临界值,需要
                                         根据实际调整

Servo zs,ys;                           //创建舵机对象,左舵机为zs,
```

```
                                     右舵机为ys
void setup() {
  // put your setup code here, to run once:


  zs.attach(12);                  //左舵机在12号引脚
  ys.attach(11);                  //右舵机在11号引脚
  lcd.init();                     //初始化液晶显示屏
  openarm();                      //打开机械手
  while(digitalRead(k1) == HIGH)  //在启动键没有按卜时进行传感
                                     器检测，启动键为5

  {
    showsensor();
  }
  forward(150,100);               //以150速度前冲100ms，离开
                                     出发地

  xun(150);                       //以150速度循迹至T字路口
  left90(150);                    //以150速度左转90°
  xun(150);                       //以150速度循迹至十字路口
  left90(150);                    //以150速度左转90°
  xun(120);                       //以120速度循迹至十字路口
  forward(120,50);                //以120速度前冲50ms，离开黑线
  xun(120);                       //以120速度循迹至十字路口
  right90(150);                   //以150速度右转90°
  xunc(120,100);                  //以120速度循迹100次到达得
                                     分物前

  closearm();                     //关闭机械手取到得分物
  while(analogRead(zw)>nlin)      //倒退至十字路口
  {
    back(120,1);
  }
  right90(150);                   //150速度右转90°
  xun(120);                       //以120速度循迹至十字路口
```

```
    forward(120,50);               //以120速度前冲50ms，离开黑线
    xun(120);                      //以120速度循迹至十字路口
    right90(150);                  //150速度右转90°
    xun(120);                      //以120速度循迹至十字路口
    left90(150);                   //以150速度左转90°
    xun(120);                      //以120速度循迹至十字路口
    openarm();                     //打开机械手将得分物放入库房
}
void loop()
{

}
```

7.2.5　利用避障传感器优化路径

在本章最开始我们已经介绍过自动控制的机器人的优点在于其可以精确而迅速地循迹，而劣势是它不能够根据场上的实际情况改变行进路线。7.2.4的程序中，不管机器人是否取得得分物，机器人都会回到库房。在本小节中为了提高自控机器人的得分效率，我们利用避障传感器探测要取得的得分物如果还在赛台上，则去取得分物并返回库房，如果要取得的得分物已经被对方取走，则不返回库房直接取得下一个得分物，直到取得得分物为止。

如图7.11所示，我们假设这样一个情况，自控机器人本计划取得最左侧得分物，但是在它到达之前得分物已经被对方取得，那么自控机器人不返回库房，直接去取左侧第二个得分物并返回库房。

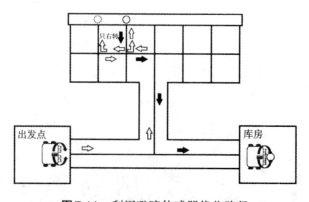

图7.11　利用避障传感器优化路径

```
#include <Servo.h>
#include <LiquidCrystal_I2C.h>     //引用IIC接口1602液晶显示屏
                                      库文件
LiquidCrystal_I2C lcd(0x27,16,2);  //声明一个1602液晶显示屏对象,
                                      名称为lcd
int k1 = 5;                        //启动按键为5号按键
int zw = A15;                      //左外侧循迹传感器
int zn = A13;                      //左内侧循迹传感器
int yn = A14;                      //右内侧循迹传感器
int yw = A12;                      //右外侧循迹传感器
int ce = A8;                       //得分物探测用避障传感器
int wlin = 290;                    //外侧光电传感器临界值,需要根
                                      据实际调整
int nlin = 290;                    //内测光电传感器临界值,需要根
                                      据实际调整
Servo zs,ys;                       //创建舵机对象,左舵机为zs,右
                                      舵机为ys
void setup() {
                                   //put your setup code
                                      here, to run once:

  zs.attach(12);                   //左舵机在12号引脚
  ys.attach(11);                   //右舵机在11号引脚
  lcd.init();                      //初始化液晶显示屏
  openarm();                       //打开机械手
  while(digitalRead(k1) == HIGH)   //在启动键没有按下时进行传感器
                                      检测,启动键为5
  {
    showsensor();
  }
  forward(150,100);                //以150速度前冲100ms,离开出
                                      发地
```

```
xun(150);                         //以150速度循迹至T字路口
left90(150);                      //以150速度左转90°
xun(150);                         //以150速度循迹至十字路口
left90(150);                      //以150速度左转90°
xun(120);                         //以120速度循迹至十字路口
forward(120,50);                  //以120速度前冲50ms，离开黑线
xun(120);                         //以120速度循迹至十字路口
right90(150);                     //以150速度右转90°
if(digitalRead(ce) == LOW)        //如果左侧第一个得分物还在赛台
                                     上，则去取得分物并返回基地
{                                 //以下程序与上一小节相同
  xunc(120,100);                  //以120速度循迹100次到达得分
                                     物前
  closearm();                     //关闭机械手取到得分物
  while(analogRead(zw)>nlin)      //倒退至十字路口
  {
    back(120,1);
  }
  right90(150);                   //150速度右转90°
  xun(120);                       //以120速度循迹至十字路口
  forward(120,50);                //以120速度前冲50ms，离开黑线
  xun(120);                       //以120速度循迹至十字路口
  right90(150);                   //150速度右转90°
  xun(120);                       //以120速度循迹至十字路口
  left90(150);                    //以150速度左转90°
  xun(120);                       //以120速度循迹至十字路口
  openarm();                      //打开机械手将得分物放入库房
}
right90(150);                     //以150速度右转90°
xun(120);                         //以120速度循迹至十字路口
left90(150);                      //以150速度左转90度，对准左侧
                                     第二个得分物
```

```
    if (digitalRead(ce) == LOW)        //如果左侧第二个得分物还在赛台
                                          上，则去取得分物并返回基地
    {
      xunc(120,100);                   //以120速度循迹100次到达得分
                                          物前
      closearm();                      //关闭机械手取到得分物
      while(analogRead(zw)>nlin)       //倒退至十字路口
      {
        back(120,1);
      }
      right90(150);                    //150速度右转90°
      xun(120);                        //以120速度循迹至十字路口
      right90(150);                    //150速度右转90°
      xun(120);                        //以120速度循迹至十字路口
      left90(150);                     //以150速度左转90°
      xun(120);                        //以120速度循迹至十字路口
      openarm();                       //打开机械手将得分物放入库房
    }
}
void loop() {

}
```

7.3 遥控机器人的设计与编程

7.3.1 硬件积累——PS2遥控手柄

PS2手柄是索尼公司PlayStation2遥控手柄的简称。该手柄由遥控手柄和接收器两部分组成（如图7.12所示）。其中接收器与Arduino控制板相连接，用来接收PS2遥控手柄发来的信息。PS2接收器需要使用6根线与Arduino控制连接，先具体说明这6根连接线的功能：

（1）GND：接电源地线。

（2）VCC：接电源正极（工作电压 3～5V）。

（3）DI/DAT：信号流向，从手柄到主机；此信号是也给 8bit 的串行数据，同步传送于信号的下降沿。信号的读取在时钟由高到低的变化过程中完成。

（4）DO/CMD：信号流向，从主机到手柄；此信号是也给 8bit 的串行数据，同步传送于信号的下降沿。

（5）CS/SEL：用于提供手柄触发信号。在通信期间处于低电平。

（6）CLK：时钟信号，由主机发出，用于保持数据同步。

在本次竞赛中利用 PS2 遥控器控制遥控机器人与自控机器人进行争夺。

图 7.12 PS2 手柄及接收转接板

7.3.2 遥控机器人的硬件设计

遥控机器人与自控机器人使用的底盘和机械手是相同的，只是遥控机器人使用 PS2 接收器代替所有的传感器。表 7.3 所示为遥控机器人的连接方式。

表 7.3 遥控机器人连接

器　件	引　脚	器　件	引　脚
右电机	6（速度控制）	PS2 转接板 GND	Gnd 引脚
	22（运动方向控制）	PS2 转接板 VCC	5V 引脚
	23（运动方向控制）	PS2 转接板 DAT	50
左电机	8（速度控制）	PS2 转接板 CMD	51
	35（运动方向控制）	PS2 转接板 CS	53
	36（运动方向控制）	PS2 转接板 CLK	52
机械手左舵机	11		
机械手右舵机	12		

7.3.3 遥控机器人的软件设计

相比自控机器人，遥控机器人程序设计相对简单。同样采用模块化的程序设计方法，表7.4所示为遥控机器人所用到的子程序，这些子程序与自控机器人所使用的相同。为了使用PS2遥控器，需要在Arduino IDE中加载PS2X_lib库文件，读者可以通过以下链接https://pan.baidu.com/s/18IVaIKYbtm1JQMOwpQZEyw下载该库文件。

功能：通过遥控器方向键控制机器人运动；按动"□"机械手闭合、按动"○"键机械手打开。

表7.4 自控机器人子程序

序 号	子程序名称	子程序作用
1	void carstop()	遥控机器人停止
2	void forward(int myspeed,int t)	遥控机器人向前行驶
3	void back(int myspeed,int t)	遥控机器人向后行驶
4	void turnleft(int myspeed,int t)	遥控机器人左转
5	void turnright(int myspeed,int t)	自控机器人右转
6	void openarm()	打开机械手
7	void closearm()	闭合机械手

遥控机器人程序源代码如下：

```
#include <Servo.h>          //舵机库
#include <PS2X_lib.h>       //for v1.6
Servo zs,ys;                //建立两个舵机对象，左舵机为zs，右舵机
                              为ys
#define PS2_DAT 50          //DAT
#define PS2_CMD 51          //CMD
#define PS2_SEL 53          //CS
#define PS2_CLK 52          //CLK
//#define pressures true
#define pressures false
//#define rumble true
#define rumble false
```

```
PS2X ps2x;                      //create PS2 Controller Class
int error = 0;
byte type = 0;
byte vibrate = 0;

//子函数预定义
void (* resetFunc) (void) = 0;
void forward(int myspeed,int t);
void back(int myspeed,int t);
void turnright(int myspeed,int t);
void turnleft(int myspeed,int t);
void carstop();
void openarm();
void closearm();
void setup(){
  pinMode(6,OUTPUT);
  pinMode(22,OUTPUT);
  pinMode(23,OUTPUT);
  pinMode(8,OUTPUT);
  pinMode(35,OUTPUT);
  pinMode(36,OUTPUT);
  Serial.begin(115200);
  zs.attach(12);                //将左舵机与12号引脚相连
  ys.attach(11);                //将右舵机与11号引脚相连
  openarm();                    //打开舵机
  error = ps2x.config_gamepad(PS2_CLK, PS2_CMD, PS2_SEL,
PS2_DAT, pressures, rumble)
  if(error == 0)
  {
    Serial.print("Found Controller, configured successful ");
    Serial.print("pressures = ");
    if (pressures)
```

```
        Serial.println("true ");
    else
        Serial.println("false");
        Serial.print("rumble = ");
    if(rumble)
        Serial.println("true)");
    else
        Serial.println("false");
        Serial.println("Try out all the buttons, X will vibrate
the controller, faster as you press harder;");
        Serial.println("holding L1 or R1 will print out the
analog stick values.");
        Serial.println("Note: Go to www.billporter.info for
updates and to report bugs.");
    }
  else if(error == 1)
    Serial.println("No controller found, check wiring, see
readme.txt to enable debug. visit www.billporter.info for
troubleshooting tips");

  else if(error == 2)
    Serial.println("Controller found but not accepting
commands. see readme.txt to enable debug. Visit www.
billporter.info for troubleshooting tips");

  else if(error == 3)
    Serial.println("Controller refusing to enter Pressures
mode, may not support it. ");
  type = ps2x.readType();
  switch(type) {
    case 0:
      Serial.println("Unknown Controller type found ");
```

```
      break;
      case 1:
        Serial.println("DualShock Controller found ");
      break;
      case 2:
        Serial.println("GuitarHero Controller found ");
      break;
      case 3:
        Serial.println("Wireless Sony DualShock Controller found ");
      break;
    }
}


void loop() {
  if(error == 1){ //skip loop if no controller found
    resetFunc();
}

  if(type == 2){ //Guitar Hero Controller
    ps2x.read_gamepad();   //read controller

    if(ps2x.ButtonPressed(GREEN_FRET))
      Serial.println("Green Fret Pressed");
    if(ps2x.ButtonPressed(RED_FRET))
      Serial.println("Red Fret Pressed");
    if(ps2x.ButtonPressed(YELLOW_FRET))
      Serial.println("Yellow Fret Pressed");
    if(ps2x.ButtonPressed(BLUE_FRET))
      Serial.println("Blue Fret Pressed");
    if(ps2x.ButtonPressed(ORANGE_FRET))
      Serial.println("Orange Fret Pressed");
    if(ps2x.ButtonPressed(STAR_POWER))
      Serial.println("Star Power Command");
```

```
    if(ps2x.Button(UP_STRUM)) //will be TRUE as long as
                             button is pressed
      Serial.println("Up Strum");
    if(ps2x.Button(DOWN_STRUM))
      Serial.println("DOWN Strum");


    if(ps2x.Button(PSB_START))
                               //will be TRUE as long as
                                button is pressed
      Serial.println("Start is being held");
    if(ps2x.Button(PSB_SELECT))
      Serial.println("Select is being held");


    if(ps2x.Button(ORANGE_FRET)){
                               //print stick value IF TRUE
      Serial.print("Wammy Bar Position:");
      Serial.println(ps2x.Analog(WHAMMY_BAR), DEC);
    }
  }
  else { //DualShock Controller
    ps2x.read_gamepad(false, vibrate);
                             //read controller and set large
                              motor to spin at 'vibrate'speed


    if(ps2x.Button(PSB_START))
                             //will be TRUE as long as
                              button is pressed
      Serial.println("Start is being held");
    if(ps2x.Button(PSB_SELECT))
      Serial.println("Select is being held");


    if(ps2x.Button(PSB_PAD_UP)){
```

```
                                    //will be TRUE as long as button
                                is pressed
    Serial.print("Up held this hard: ");
    Serial.println(ps2x.Analog(PSAB_PAD_UP), DEC);
    forward(200,10); //以200速度前进10ms
  }
}
if(ps2x.Button(PSB_PAD_RIGHT)){
    Serial.print("Right held this hard: ");
    Serial.println(ps2x.Analog(PSAB_PAD_RIGHT), DEC);
    turnleft(200,10); //以200速度左转10ms
}
if(ps2x.Button(PSB_PAD_LEFT)){
  Serial.print("LEFT held this hard: ");
  Serial.println(ps2x.Analog(PSAB_PAD_LEFT), DEC);
  turnright(200,10); //以200速度右转10ms
}
if(ps2x.Button(PSB_PAD_DOWN)){
    Serial.print("DOWN held this hard: ");
    Serial.println(ps2x.Analog(PSAB_PAD_DOWN), DEC);
    back(200,10); //以200速度后退10ms
}
vibrate = ps2x.Analog(PSAB_CROSS);
                            //this will set the large motor
                              vibrate speed based on how hard
                              you press the blue (X) button
if(ps2x.NewButtonState()) {
                            //will be TRUE if any button
                              changes state (on to off, or
                              off to on)
  if(ps2x.Button(PSB_L3))
    Serial.println("L3 pressed");
```

```
    if(ps2x.Button(PSB_R3))
      Serial.println("R3 pressed");
    if(ps2x.Button(PSB_L2))
      Serial.println("L2 pressed");
    if(ps2x.Button(PSB_R2))
      Serial.println("R2 pressed");
    if(ps2x.Button(PSB_TRIANGLE))
      Serial.println("Triangle pressed");
  }
  if(ps2x.ButtonPressed(PSB_CIRCLE))
                        //will be TRUE if button was JUST
                        pressed
  {  Serial.println("Circle just pressed");
     openarm();//打开舵机
  }
  if(ps2x.NewButtonState(PSB_CROSS))
    Serial.println("X just changed");
  if(ps2x.ButtonReleased(PSB_SQUARE))
                        //will be TRUE if button was JUST
                        released
  {    Serial.println("Square just released");
     closearm();//闭合舵机
  }
  if (ps2x.Button(PSB_R1))
  {
  }
  if (ps2x.Button(PSB_R2))
  {
  }
  }


}
```

```
//下列为子程序的实现
void carstop()
{
  analogWrite(6,0);
  analogWrite(8,0);
}
void forward(int myspeed,int t)
{ analogWrite(6,myspeed);
  digitalWrite(22,HIGH);
  digitalWrite(23,LOW);
  analogWrite(8,myspeed);
  digitalWrite(35,HIGH);
  digitalWrite(36,LOW);
  delay(t);
  carstop();
}
void back(int myspeed,int t)
{
  analogWrite(6,myspeed);
  digitalWrite(22,LOW);
  digitalWrite(23,HIGH);
  analogWrite(8,myspeed);
  digitalWrite(35,LOW);
  digitalWrite(36,HIGH);
  delay(t);
  carstop();

}
void turnright(int myspeed,int t)
{
  analogWrite(6,myspeed);
  digitalWrite(22,LOW);
```

```
  digitalWrite(23,HIGH);
  analogWrite(8,myspeed);
  digitalWrite(35,HIGH);
  digitalWrite(36,LOW);
  delay(t);
  carstop();
}
void turnleft(int myspeed,int t)
{
  analogWrite(6,myspeed);
  digitalWrite(22,HIGH);
  digitalWrite(23,LOW);
  analogWrite(8,myspeed);
  digitalWrite(35,LOW);
  digitalWrite(36,HIGH);
  delay(t);
  carstop();
}
void openarm()
{
  zs.attach(12);              //左舵机在12引脚
  ys.attach(11);              //右舵机在11引脚
  zs.write(90);               //左舵机90°
  delay(15);
  ys.write(0);                //右舵机90°
  delay(15);
}

 void closearm()
{
  zs.attach(12);              //左舵机在12引脚
  ys.attach(11);              //右舵机在11引脚
```

```
zs.write(180);              //左舵机180°
delay(15);
ys.write(0);                //右舵机0°
delay(15);
}
```